CŒUR GRENADINE

Rae Earl est née en 1971 à Stamford, dans le Lincolnshire. Elle a exercé de nombreux métiers au sein d'une station de radio. Ses romans *My Mad Fat Diary* et *My Madder Fatter Diary*, basés sur son journal intime d'adolescente, ont été adaptés pour la télévision et diffusés dans plus de cinquante pays. Elle vit actuellement à Hobart, en Australie où, parmi d'autres choses, elle écrit une série télévisée sur une équipe de football féminin.

@raeearl

Illustration de couverture : © Chris Winsor/Getty,
N-Photos/stock.adobe.com

Ouvrage initialement publié par Walker Books Ltd sous le titre :
#Help my cat's a vlogging superstar

Loi n° 49-956 du 16 juillet 1949 sur les publications destinées à la jeunesse.
Dépôt légal : juillet 2020

ISBN : 979-10-363-0295-4

Rae Earl

CŒUR GRENADINE

Mon chat superstar

Traduit de l'anglais (Royaume-Uni)
par Aurélie Pasques

bayard jeunesse

#laguerredesmachines

Tu sais que tu as passé un samedi pourri quand ton chat te fait la tête tout en essayant de manger ta chaussure. Mon animal me hait. Mon téléphone me hait. Le petit ami de ma mère me hait.

Vues sous cet angle, les choses se présentent assez mal. Mais avant que vous me haïssiez à votre tour, laissez-moi vous expliquer ce qui s'est réellement passé cet après-midi.

Pour commencer, je tiens à préciser que je ne suis pas une criminelle et que je n'ai jamais essayé de tuer cet engin. C'était un simple malentendu entre mon pied, un bureau, et un félin particulièrement furieux.

Malheureusement, ça a complètement dégénéré et Monsieur Propre, armé de son kit de chiffons anti-poussière, en a profité pour faire son numéro.

Je n'accuse personne pour cet accident, mais c'était quand même la faute de maman. Comme elle tenait à ce que je fasse mes devoirs cet après-midi-là, elle avait coupé le Wi-Fi. Comme à son habitude. Je sais, merci. J'ai donc employé les grands moyens pour obtenir du réseau. Je devais envoyer un message de la plus haute importance à Lauren, ma meilleure amie. C'est une fille adorable, il faut que je lui remonte le moral car elle a besoin d'amour, mais là, elle était sur le point de craquer. Ça devrait être un jeu d'enfant d'envoyer un message à un ami, ça devrait même être inscrit dans la Constitution. Sauf ici. Les outils de communication modernes n'ont pas droit de cité sous ce toit. Je ne parle pas de tout le quartier, juste de ma maison.

Afin d'envoyer mon message, j'ai agité un bras par la fenêtre. Ça n'a pas fonctionné, et notre voisine a cru que je voulais lui parler. *Tout va bien madame Milner, j'habite avec deux dictateurs, mais je fais avec !*

Ensuite, j'ai tenté d'utiliser la pomme de douche dans la salle de bains. Mais là aussi ça a raté, elle n'a pas voulu participer à l'exercice. Une douche, ça sert à se laver, pas à faire office d'antenne téléphonique.

Du coup, je me suis servie de Raymond comme dispositif itinérant. Et j'en ai tiré une précieuse leçon : un téléphone ne tient pas en équilibre sur le dos d'un chat. En plus, sous le coup de la colère, ce dernier essayera de se venger sur votre portable, et dans la foulée, tentera de dévorer l'intégralité de votre garde-robe.

Quand Raymond s'est attaquée à mes chaussettes, je n'ai pas eu d'autre choix que de grimper sur mon bureau, de me hisser sur la pointe des pieds, jambes tendues, et de lever mon téléphone aussi haut que possible. On ne devrait JAMAIS avoir besoin de faire des pointes pour obtenir un réseau digne de ce nom, mais Lauren en vaut la peine. Tandis que je faisais valser mon portable, Raymond a soudain eu envie de se prêter au jeu. Elle s'est élancée toutes griffes dehors vers mes genoux. J'ai perdu l'équilibre et je suis tombée du bureau. Mon talon s'est planté lourdement sur le meilleur ami du petit copain de ma mère : son robot aspirateur qui était venu faire un tour dans ma chambre pour se repaître de poussière.

Quand j'ai atterri sur lui, il s'est mis à biper de détresse. Il a renoncé à son repas pour se livrer à une gesticulation hasardeuse et confuse. Raymond s'est alors mis en tête de l'achever en lui sautant dessus. On aurait dit un pigeon fou.

C'est ce moment précis qu'a choisi Monsieur Propre pour faire son entrée dans ma chambre et assister au spectacle de MON chat en train de surfer sur SON robot aspirateur. Il s'est mis à hurler après Raymond, puis après moi, prétextant que j'ai toujours eu une dent contre lui et ses « incomparables méthodes de nettoyage ».

Ensuite, il a consolé son meilleur ami comme s'il s'agissait d'un labrador hypersensible. Il l'a rassuré, lui a promis que tout allait bien se passer et l'a emmené au rez-de-chaussée en marmonnant je ne sais quoi à propos de sa délicate micro-brosse high-tech. Je ne l'ai pas revu depuis.

Maintenant, je suis coincée dans ma chambre avec Raymond. Non seulement je n'ai toujours pas réussi à envoyer de message à Lauren, mais pour couronner le tout, je crois bien m'être attirée de gros ennuis. Et ce n'est pas juste, car j'ai fait des efforts avec Monsieur Propre. Il a beau être le petit copain de ma mère doublé d'un maniaque de la propreté, j'ai quand même fait de mon mieux. C'est dans ma nature, j'essaye toujours de m'entendre avec les gens parce que je trouve que ça facilite la communication. Mais il m'est impossible de vivre sous le même toit qu'un être qui place sa relation avec un appareil électroménager au-dessus des rapports humains.

Il a même donné un nom à son aspirateur : Mc Whirter.

Et Mc Whirter me suit partout comme mon ombre, tournoyant sans cesse et absorbant tout sur son passage. Quand je mange mes toasts au petit-déjeuner, on peut entendre Monsieur Propre s'écrier : « Vas-y mon garçon ! Ramasse les miettes de Millie ! »

Pendant le dîner, il reste à côté de son maître, à attendre et à observer. Il a beau n'être qu'une machine, ses boutons on/off ressemblent à des yeux lumineux et rougeoyants constamment affamés et à l'affût de ce que je laisse traîner. Mc Whirter, le chien-chien robot nettoyeur doté d'une configuration automatique et d'un capteur visuel intégral, est devenu mon vrombissant et autoritaire demi-frère. L'horreur.

Voilà que je me mets à l'humaniser à mon tour ! Il ne faut pas que je reste ici, je vais devenir folle et finir par faire la conversation au lave-vaisselle, comme Monsieur Propre qui le félicite à chaque fois qu'il termine un cycle. Il ne lui a pas encore donné de nom, mais c'est juste une question de temps.

Vous trouvez ça normal ?

Tout ce drame pour quelques malheureux moutons de poussière sur le parquet me fait penser...

Ça me fait penser que je dois aller vivre avec mon père.

Vous allez trouver que j'exagère et me taxer de tragédienne, mais je ne suis vraiment plus à ma place ici. Peut-être que si je déménage quelque temps, je manquerai à maman et elle prendra conscience que c'était quand même bien agréable de m'avoir à ses côtés. Et l'avantage d'avoir des parents qui ne vivent pas ensemble, c'est qu'on a toujours un autre point de chute.

Le plus difficile va être d'expliquer tout ça à maman.

Ma mère n'est pas méchante, mais elle est largement plus stricte et exigeante que la moyenne des parents. Vivre avec elle, c'est un peu comme faire l'armée, mais sans le pantalon camouflage ou la possibilité d'écraser les gens qu'on n'aime pas avec un tank.

Oui, je fais allusion à son petit copain. Et à Mc Whirter.

Quand on était juste toutes les deux, on s'entendait bien, elle et moi. J'arrivais à supporter ses petites manies. Évidemment, je n'ai jamais trop apprécié qu'elle coupe le Wi-Fi à 20 heures tous les soirs sans exception, sauf le samedi. Mais, au moins, on avait une vraie complicité – Monsieur Propre a préféré parler de « compli-saleté » quand il a débarqué la première fois avec son short en Lycra ridicule et sa serpillière de compétition.

Et non, maman ne passait pas son temps à faire le ménage et il y avait bien deux centimètres de crasse au-dessus de la télé... Mais franchement, ça dérange qui ?

Elle travaille à l'hôpital. Pas en tant que médecin ou un truc du genre. Son boulot consiste à commander toutes les compresses et les bandages. En gros, elle a entre ses mains le sort des gens qui se vident de leur sang. Elle sauve des vies ! Elle n'a pas besoin de faire la poussière. Et elle n'aime pas trop me voir faire le ménage non plus. Elle ne tient pas à ce que je devienne l'esclave domestique d'un homme, toujours collée aux fourneaux à concocter la fameuse forêt noire dont il raffole. Elle préférerait largement que je l'accompagne à son cours de boxe, ou que je fasse mes devoirs, voire les deux en même temps. Aucune femme n'est aussi multitâche que maman.

Pour tout vous dire, je n'y connais rien en forêt noire, car ni elle ni moi ne sommes des pâtissières de choc. Elle ne comprend pas qu'on puisse perdre deux heures en cuisine alors qu'on trouve des chaussons aux pommes tout à fait corrects au supermarché. Autant regarder *Le meilleur pâtissier* à la télé. Je suis du même avis. On tombe d'accord sur la plupart des choses. Du moins c'était le cas avant que Gary débarque et engloutisse tout notre amour avec son aspirateur.

Gary. Gary Woolton, alias Monsieur Propre.

Saviez-vous que dans ce pays, seuls vingt-trois bébés ont été prénommés Gary ces deux dernières années ? Ça, c'est parce que les Gary causent toujours des problèmes. Et qu'ils nettoient tout sur leur passage.

Avant, les vendredis, on traînait dans le canapé en pyjama avec maman ; on regardait des DVD jusqu'à une heure du matin. Maintenant le vendredi soir, je traîne toute seule devant YouTube, et elle passe la soirée avec un type qui sent l'eau de Javel. Je ne peux même pas regarder Netflix parce qu'ils monopolisent l'écran avec leur truc sur les Tudors. Il a tout gâché.

Depuis que j'ai repris l'école, maman tient à ce que je fasse mes devoirs selon un emploi du temps très précis. Et surtout, ne me parlez pas du planning de ménage de Gary ! Le four n'a pas besoin d'être nettoyé tous les jours ! Avant qu'il arrive, on ne s'en servait presque pas.

Je dois m'enfuir d'ici. D'autant plus que maintenant, Gary me prend pour une tueuse de robot aspirateur. C'est pour la sécurité de Raymond autant que pour la mienne. Juste quelques mois, pas plus. Rien de trop radical.

Il faut que je réfléchisse à la façon dont je vais annoncer à maman que je veux aller vivre chez papa. Mais mon téléphone n'arrête pas de biper. J'ai enfin du réseau. Oh, c'est Lauren.

Oh non.

Non. Non. NON !

C'est...

Pas bon. Pas bon du tout. Oh bon sang !

Je dois y aller. Faites-moi confiance. C'est mauvais. Très mauvais. Tout ce qui me concerne peut attendre. Lauren a de gros problèmes. Et ça ne va pas s'arrêter là, ça risque de devenir viral.

#malsapéecommejamais

La mère de Lauren me laisse entrer. Elle m'aime bien. Elle pense que j'ai une bonne influence sur sa fille. Ça, c'est parce que grâce à moi, Lauren vit sur notre planète au moins une partie de la journée. Le reste du temps, elle vit sur la planète Lauren, un endroit fantastique, mais auquel les adultes ne comprennent rien. Et moi, j'adore m'y retrouver. Lauren est tout le contraire de moi. Elle agit, et elle réfléchit après.

Pas de trace du père de Lauren, ce qui explique sans doute pourquoi sa mère est si gaie. Les parents de Lauren ne s'entendent pas. Chez elle, c'est *Les feux de l'amour* qu'on regarderait au premier degré.

Je pénètre dans sa chambre. Elle est recroquevillée sous sa couette. On dirait une tortue en peluche sous sa carapace, avec ses grands yeux tristes. Je l'entends renifler.

– Laisse-moi ! gémit-elle avant de s'apercevoir que c'est moi qui viens d'entrer.

Elle sort la tête.

– Oh Mills, c'était horrible. Impensable. Tu te rappelles mes chaussures à talons ? Ma toute première paire ? Tu avais dit...

Je me souviens de ce que j'avais dit. Je les avais moi-même essayées et en avais conclu qu'elles devraient être fournies avec des béquilles, étant donné qu'il n'était pas exclu de se briser la cheville en les portant.

– Oh non, Lauren, tu t'es fait mal ? C'est super difficile de marcher avec ces trucs-là. Un peu comme de tenir en équilibre sur une girafe pompette. C'est un sacré challenge.

– Je sais bien. C'est pour ça que j'ai décidé de m'entraîner en les portant jusqu'à l'épicerie. Avec des chaussures normales, ça ne me prend que trois minutes. Avec celles-ci, j'en étais à vingt, mais tout allait bien jusqu'à ce que j'essaye de monter sur le trottoir, et là... (Lauren se cache de nouveau sous sa couverture), j'ai entendu un rire. Je pense que quelqu'un m'a suivie, s'étrangle-t-elle. Et si c'était Mr Style Shame ?

Le compte Instagram Mr Style Shame a plein d'abonnés. Personne ne sait qui est derrière, mais tout le monde le suit. Son logo, c'est la silhouette d'un mec qui porte des lunettes noires. Il s'agit probablement d'un quelconque petit génie très content de lui, qui préfère sévir dans l'ombre. On connaît tous des gens qu'il a affichés. Il est constamment à l'affût comme un impitoyable prédateur de la faute de goût, à chasser les gens qui ont le malheur d'être mal sapés. Et quand il se jette sur sa proie, ses attaques sont FATALES. Il floute ton visage, mais tout le monde te reconnaît au collège. Et les adultes ne peuvent rien faire contre ça. Ils n'ont même pas idée du phénomène. En dehors de Facebook, ils ne connaissent rien aux réseaux sociaux.

Si, par malheur, tu t'es fait choper, tu peux être sûre que le cauchemar ne fait que commencer.

Et, en ce moment, il y a de grandes chances qu'il ait en sa possession un cliché de ma meilleure amie en train de trébucher sur une paire de talons aiguilles roses, une canette de Sprite à la main et un Kit Kat dans l'autre. Vous voyez ce que je veux dire ? C'est pas bon. Et Lauren le sait.

– Regarde pour moi, Mills, dis-moi si tu me vois.

J'attrape mon téléphone. Oui, je suis abonnée au compte de Mr Style Shame. Inutile de m'en vouloir pour ça, tout le monde l'est. On a besoin de vérifier qu'on n'a pas été chassés. Il peut frapper à n'importe quel moment, et...

Hélas. Il y a bien une photo de ma meilleure amie en plein vol plané. Avec un filtre minutieusement choisi pour accentuer l'effet de son corps qui part en vrille. Un de ses talons a fini dans le caniveau. L'autre vole près de l'épaule de Lauren à la manière d'un perroquet ridicule.

Si la photo n'était pas assez humiliante en soi, une légende vient couronner le tout :

« Voyez cette Cendrillon moderne qui a perdu sa pantoufle de verre ! N'oubliez pas, les filles, si vous voulez être #glamour, entraînez-vous avant, ou vous pourriez bien ne jamais trouver votre prince charmant #chute #talons #MrStyleShame »

– Alors ? murmure Lauren.

– Euh... oui.

– Combien de likes ?

Dois-je vraiment le lui dire ?

Je lui donne un chiffre très en deçà de la vérité.

Lauren se recroqueville si profondément sous sa couette qu'elle a l'air de se préparer à hiberner pour toujours. Elle fait des efforts démesurés pour ne pas pleurer. Je sais quand elle est contrariée et qu'elle ne veut pas que je le remarque. Et quand elle se met à sangloter, je m'y mets aussi. On est comme ça.

Je suis en colère. Lauren est ma meilleure amie, une des personnes les plus douces, et les plus charmantes qui soient. Et ce sale troll de Mr Style Shame arrive à ruiner sa confiance en elle. Il pense pouvoir s'en tirer comme ça, sous couvert d'humour. C'est tellement mesquin, il me dégoûte.

Pour le moment, l'urgence, c'est de redonner le sourire à ma meilleure amie.

Et je crois que j'ai une idée.

#yeuxdepanda

Il y a deux choses que ma meilleure amie adore : le maquillage et nos vlogueurs préférés. Moi aussi d'ailleurs. Les vlogueurs sont parfaits pour remonter un moral en berne. On peut compter sur nos chouchous en permanence, durant la journée comme à deux heures du matin, quand on n'arrive pas à fermer l'œil parce que quelque chose nous trotte dans la tête.

Lauren sanglote sous sa couette.

– Allez Lolo, il aura trouvé une autre victime dans les cinq minutes. Lundi, tout le monde aura oublié.

Je sais très bien que c'est faux, mais je tiens à ce qu'elle se sente mieux. Les gens parlent encore de cette pauvre Holly Graham dont la jupe coincée dans la culotte à rayures a fait le succès de Mr Style Shame. Mais ce n'est pas le moment de rappeler ça à Lauren.

– On va regarder Bella Fruitée – la beauté à petits prix, et on va se faire des yeux de ouf.

Bella fait partie du top 10 de nos vlogueurs favoris. À partir d'un tout petit budget, elle crée des looks magnifiques. Ses maquillages d'yeux relèvent du génie, on a failli faire planter YouTube à force de les regarder. On a essayé son regard d'oiseau exotique, ses sourcils à la Cara Delevingne, son contouring façon Kim Kardashian et ses tutos pour se maquiller comme Kate Middleton à son mariage. On aurait pu épouser le prince William dans la foulée. Deux jeunes mariées à croquer !

Aujourd'hui, on va faire simple. J'annonce à Lauren :

– On va se faire un regard de chat à l'eyeliner.

Elle sort enfin la tête de sa couverture. On commence à se maquiller. Elle se farde à la perfection. Je m'empare du fond de teint et de l'eyeliner, j'attrape mon téléphone et j'appuie sur « enregistrer ». Je compte bien la faire rire.

– OK. Alors aujourd'hui, on va se faire un regard de panda. Vous êtes nombreux à m'appeler et à me demander : « Millie, je veux ressembler à un de ces gros ours poilus qu'on trouve dans les zoos. » Et vous ne savez pas comment faire ? C'est FACILE. Tout d'abord, munissez-vous d'un fond de teint d'environ cinq teintes plus claires que votre carnation de base. ÉTALEZ-LE sur l'ensemble de votre visage, puis prenez de l'eyeliner liquide noir et DESSINEZ DE TRÈS GROS CERÇLES TOUT AUTOUR DE VOS YEUX. Prenez ensuite la première plante verte à votre portée, un brocoli du réfrigérateur fera l'affaire, et collez-le-vous dans la bouche... ET HOP ! Vous êtes un panda ! MAINTENANT PRENDS ÇA BELLA FRUITÉE. Je suis LE PLUS GLAMOUR DES PANDAS ! Je pourrais m'introduire dans n'importe quelle soirée dans tous les zoos du monde.

Dans mon dos, Lauren rit aux éclats.

– Qui se préoccupe de ce à quoi vous ressemblez ? Ça intéresse qui que vous trébuchiez ? Si votre meilleure amie est contrariée parce qu'elle a été photographiée dans une posture peu flatteuse, faites quelque chose de complètement décalé pour lui rappeler que personne n'est parfait. Il n'y a aucune honte à tenter un nouveau truc, par contre ce qui est honteux, c'est de faire en sorte que les gens ou les ours se sentent mal dans leur peau. Merci à vous.

Je suis en mission clown de service. Et ça marche. Lauren est morte de rire. J'ai l'air d'une folle, d'un panda incontrôlable. Mais ça me fait du bien de me lâcher complètement pour lui remonter le moral.

– Je vais la diffuser, maintenant. Les gens ne s'intéresseront plus à ta chute quand ils auront vu ÇA.

Je ne suis jamais aussi spontanée, d'ordinaire. La plupart de mes posts sont toujours pensés et repensés, nécessitent trente prises en moyenne et sont systématiquement agrémentés du filtre ad hoc. Mais comme dit tata Teresa, les causes désespérées nécessitent des mesures d'urgence.

Ma meilleure amie a besoin d'amour ? Je lui en donne ! Pour être honnête avec vous, mes posts obtiennent si peu de vues en général, que je pense que personne ne verra cette vidéo. Et puis, je ne suis pas certaine que cela empêchera les gens de parler de la chute spectaculaire de Lauren, mais, au moins, elle sait que je la soutiens. Vous feriez pareil à ma place. Je me fiche de faire des choses complètement décalées du moment que je maîtrise la situation.

– Merci Mills, tu sais toujours quoi faire pour me remonter le moral, me dit gentiment Lauren.

Ce n'est pas faux. Je ne suis pas mauvaise quand il s'agit de résoudre les problèmes des autres, comme ceux de Lauren ou de tata Teresa. Par contre, me dépatouiller avec ma propre vie, par exemple en disant à maman que j'ai décidé d'aller vivre avec mon père parce que son petit copain est la personne la plus agaçante sur terre, c'est une autre affaire.

– Millie, tu veux bien te démaquiller, maintenant ? J'ai du mal à te prendre au sérieux comme ça.

Elle a raison. Ce n'est pas avec mon look de panda que je vais pouvoir discuter du meilleur endroit où habiter. La plupart d'entre eux n'ont pas le choix et vivent dans des zoos avec leur partenaire. En y réfléchissant bien, ils ont quand même beaucoup de chance. Personne ne vient nettoyer leur bambou avec un aspirateur, n'est-ce pas Gary ?

– Tu as raison, Lolo. J'ai des choses à régler. Raymond a carrément tenté de tuer Mc Whirter, et j'en ai plus qu'assez. Je vais annoncer à maman que je pars vivre chez papa quelque temps.

Lauren est déconcertée.

– Millie ! Tu ne vas pas quitter ta mère ! Vous êtes comme deux sœurs, deux sœurs qui s'entendraient bien en plus ! Je sais que Monsieur Propre est un peu...

Ça me rend dingue.

– Gary n'est pas « un peu » quoi que ce soit. C'est un gros relou. Et manifestement, maman n'a pas envie de m'avoir dans les pattes en ce moment. Elle ne me tolère que quand je fais mes devoirs. De toute façon ce serait temporaire...

Lauren me regarde et dit doucement :

– Millie, tu ne crois pas que tu es un peu jalouse ? Ça fait limite enfant gâtée et capricieuse ta réaction, non ? Ta maman mérite que tu...

Je perds patience.

– Lauren, ça n'a rien à voir avec ma mère. Mais qu'elle puisse faire d'un type qui utilise le gel antibactérien de l'hôpital comme gel douche l'élu de son cœur, ça me dépasse.

Lauren a enroulé son duvet autour d'elle à la manière d'un poncho douillet. Elle préfère changer de sujet :

– Au fait, tu as vu le nouveau ?

Le nouveau ? Oui, bien sûr. C'est toujours intéressant la nouveauté. La première fois que Reuben Stubbs s'est contorsionné pour entrer en entier dans son casier, on a tous été impressionnés. Mais après l'avoir vu refaire ce truc une centaine de fois, on s'est lassés.

Lauren se pavane fièrement.

– J'ai des infos sur lui ! Il s'appelle Danny Trudeau et il est canadien.

Ça c'est de l'info ! Alerte rouge, spéciale potins.

– Oh... C'est vrai ? Comment a-t-il atterri ici ?

Lauren chuchote :

– Eh bien, une rumeur circule qu'il pourrait être de la famille... (elle regarde autour d'elle pour bien vérifier que personne n'écoute)... du président.

– Quel président ?

On se croirait dans un film.

– Je ne sais pas, conclut Lauren avant de prendre conscience du ridicule de la situation et de s'écrouler de rire sur le sol.

– Lolo !

Je lui jette un coussin en forme de hamburger à la figure.

Elle se relève et tape si fort dans le hamburger qu'il en perd son pain.

– Et devine qui le suit sur Instagram ?

On connaît la réponse. Erin Breeler.

Comment vous la décrire ?

Au collège, Erin Breeler est la reine d'Instagram. Elle obtient des centaines de likes dès qu'elle publie le moindre contenu. Il lui suffirait de poster une photo de sa salade d'avocats pour obtenir l'adoration sans bornes de chaque créature qui respire sur cette planète. Même les êtres qui ne respirent pas, comme les avocats, iraient liker ses posts.

Son compte est un condensé de sa vie, sous forme de photos d'elle, inlassablement parfaite. Des selfies comme vous n'en avez jamais vu, toujours pris sous le bon angle. Ses sourcils sont parfaitement dessinés. Son postérieur est presque plus célèbre qu'elle. Son sourire est magnifique (même quand elle portait un appareil dentaire, elle était extraordinaire) et elle porte des vêtements que le commun des mortels n'ose même pas regarder en boutique. Elle prend des poses de yoga en salopette et ça lui va super bien. Vous pensez que j'exagère ? Allez voir par vous-mêmes. Cette fille est phénoménale.

Et même si ça tourne beaucoup autour de son apparence, elle écrit des trucs du genre :

Je sens ma lumière intérieure irradier

ou

Ce cardigan en mohair m'aide à atteindre la pleine conscience

De manière à ce qu'on ne puisse pas la taxer de « superficielle ».

Elle est très forte pour tourner les choses à son avantage. Quand elle a un bouton, elle pose son petit doigt dessus, fait la moue et légende sa photo de la sorte :

Ne comptez pas sur moi pour m'excuser ! Personne n'est parfait !

Tout ça avec l'air de ne pas y toucher, et tout le monde marche ! C'est tellement artificiel pourtant ! Mais les gens l'adorent.

Les filles comme Erin ne traînent pas avec des filles comme Lauren et moi. Elle est bien trop cool pour ça. Trop stylée. Et si tu marches sur ses plates-bandes, elle te réduit à néant de la manière la plus subtile qui soit. Et pourtant, au fond de moi, j'aimerais qu'elle m'apprécie.

Je sais, c'est pathétique. Et pour tout vous dire, elle me fait peur. Et je déteste ce sentiment. Elle est hyper sûre d'elle, que ce soit au collège ou sur le net. Et c'est comme si...

– Millie ! Reviens ! appelle Lauren.

– Désolée, lui dis-je. J'étais en train de penser à Erin Breeler. Les gens très beaux ont le pouvoir de vous faire sombrer, tu ne penses pas ? Erin et Danny. Danny est tellement canon avec son magnifique...

– Sac ! me coupe Lauren. Tu as vu comme elles sont classe, ses fournitures scolaires ?

Lauren adore la papeterie et les stylos. Elle a un tableau Pinterest entièrement consacré aux marqueurs fluorescents.

– J'allais parler de son regard, Lolo. Mais peu importe, je dois y aller.

Lauren me serre dans ses bras. Elle me souhaite bonne chance, ce dont j'ai besoin.

La vérité, c'est que je préférerais rester chez elle.

Je ne me sens pas bien. Je n'ai pas envie de rentrer à la maison.

#lafamilleavanttout

Quand je rentre à la maison, maman n'est toujours pas revenue de ses grosses courses hebdomadaires du samedi. Gary nettoie le grille-pain tout en le sermonnant pour les petites miettes de pain qu'il amasse. Ceci est tout à fait normal. Gary est en conflit avec le grille-pain. Il estime qu'il est mal conçu. De son côté, le grille-pain pense exactement la même chose de Gary, sauf qu'il ne peut pas parler.

J'ai l'impression que Gary ne souhaite plus m'adresser la parole depuis que j'ai abîmé son amour de robot. Il lève les yeux quand j'entre dans la pièce, et retourne aussitôt à son nettoyage. Qui passe son week-end à ça ? Quelqu'un qui n'a pas d'amis et qui préfère se chamailler avec son électroménager. Ce qui est plus préoccupant, c'est que Mc Whirter ne donne pas signe de vie.

Je monte dans ma chambre, Raymond sur les talons. Nous sommes des migrants qui fuyons la République Démocratique du Propre de Gary Woolton, alias Monsieur Propre. Comme je fabrique des miettes et que Raymond perd ses poils, nous sommes l'ennemi.

Je pense à la façon dont maman va réagir quand je vais lui parler de mon projet d'aller vivre avec papa. Je n'arrive pas à savoir si elle va être soulagée ou calme, ou bien...

Qu'est-ce que j'imagine ? Bien sûr qu'elle va être en colère. J'essaye de penser à autre chose. À ce que je pourrais mettre comme vignette sur YouTube. Une image d'un truc vu à la télé ? Une photo que j'ai prise ? Le visage furieux de ma mère, ravagé par les larmes ?

Finalement, je l'entends sur le pas de la porte d'entrée. Je descends avec Raymond. Maman est dans la cuisine, trempée, très agitée et chargée de sacs du supermarché d'où pointe une baguette de pain toute ramollie. En général, le pain mouillé la plonge dans une humeur massacrante.

Je sais bien que je ferais mieux d'attendre qu'elle ait enlevé son manteau pour engager une conversation raisonnable et posée, mais c'est plus fort que moi. Je crie tellement fort que Raymond sursaute si haut que si je l'avais filmée, la vidéo aurait fait sensation sur YouTube : « Superchat à l'assaut d'un gratte-ciel. »

– Maman ! Je veux aller vivre avec papa.

Elle continue de ranger ses courses. Elle a sûrement entendu, mais je réitère, au cas où :

– Maman, je veux aller vivre avec papa ! Chez grand-père. C'est une vraie maison, avec un toit, elle est parfaite.

Encore heureux qu'elle ait un toit.

Maman enroule la baguette mouillée dans un torchon à vaisselle, la tend à Gary et me répond, très calmement :

– Bien sûr, Mills. C'est le Far West chez ton grand-père. Il fait des efforts, mais tu connais ton père. Et ne me parle pas de Teresa. Tu fais ce que tu veux. Tu es parfaitement bien ici. Je sais que tu trouves certaines de mes règles exagérées, mais sache qu'éteindre le Wi-Fi la nuit met ton cerveau au repos ! Je prends soin de toi ! Je te protège ! Maintenant arrête tes bêtises et dis-moi ce qui cloche.

Ça me met hors de moi. Comment a-t-elle pu ne pas remarquer à quel point Gary me rend malheureuse ? J'essaye de prendre une profonde inspiration mais mon cerveau passe en mode pluie torrentielle et ma bouche déverse toutes sortes d'horreurs.

– Manger des biscuits à la crème dans cette maison, c'est devenu un processus en cinq étapes qui nécessite une pelle et une balayette, maman ! Et non, on n'a pas besoin d'une petite assiette pour manger une banane ! Une banane, c'est une grosse masse solide qui possède son propre petit récipient hygiénique – sa peau ! C'est le fruit le plus stylé et le plus propre qui soit ! La banane est propre et fière de l'être. Et d'ailleurs, pourquoi sommes-nous en train de discuter de la propreté de la nourriture ? Tu vois ce que Gary a fait de nous ?! Et arrête de regarder ma main.

Je me rends compte que j'ai pris une banane et que je la cogne dans tous les sens pour étayer mon discours. Torturer des fruits, c'est franchement pas terrible.

– Tu vas l'abîmer, Millie, dit maman.

Gary s'est déjà emparé d'un journal au cas où je réduirais la banane en bouillie afin de la récupérer pour la mettre à la poubelle. C'est plus fort que lui. Ensuite il fait comme si de rien n'était et se lance dans ce qu'il appelle son « petit nettoyage » des blocs de la cuisine.

Je suis à bout.

– Maman, je m'en fiche de tes horaires et de tes règles stupides. La plupart du temps, j'arrive à les supporter ! Mais personne ne peut vivre comme ça. Avant, on passait de bons moments ensemble. Mais c'est terminé. Tu as changé, alors que tu disais toi-même qu'il ne fallait jamais changer pour qui que ce soit. Ne jamais changer pour un homme. Mais c'est exactement ce que tu as fait. Tu te prétends féministe ? Mais tu te comportes en midinette, engluée dans ton amour sirupeux. Je ne reconnais plus ma mère. Tu n'es rien de plus que sa nunuche chérie.

Je pointe du doigt Gary, qui a légèrement frémi.

– Et tu ne me laisses jamais décider des choses qui me concernent, comme la façon dont je dois faire mes devoirs ou jusqu'à quelle heure je peux rester chez Lauren. Même si je ne fais jamais de bêtises. Je ne peux jamais faire les choses comme je l'entends. C'est toujours toi qui décides, ce n'est pas juste.

Je sais, c'est horrible, mais c'est ce que je ressens.

Gary Woolton, alias Monsieur Propre, qui – je le rappelle – n'est PAS mon père, se met à crier :

– Va dans ta chambre !

Maman, qui elle est toujours ma mère, se contente de dire, très calmement :

– Qu'est-il arrivé à ma petite fille, si charmante, raisonnable et intelligente ?

Je m'écrie :

– Elle est plongée dans un coma de ras-le-bol !

C'est une réponse complètement naze mais franchement, je suis furax.

Je sors de la pièce comme une furie et me prends les pieds dans Mc Whirter qui cherche lui-même à fuir cette cacophonie. Ça fout en l'air ma sortie que j'aurais voulue plus théâtrale, mais au moins je constate qu'il est toujours vivant. Tata Teresa dirait que c'est le karma. Pour moi, ce n'est qu'une preuve supplémentaire que les appareils électroménagers me gâchent l'existence. Sabotage par aspirateur. Je suis sûre que Gary l'a programmé dans ce but.

#pasunediva

Vous êtes toujours là ? C'est surprenant étant donné la façon épouvantable dont je me comporte. Je suis désolée que vous ayez à supporter ça.

Roulée en boule sur mon lit, je pleurniche comme l'héroïne d'un film triste dans ses mauvais jours. Je sais bien que maman aime Gary. La partie apaisée de mon cerveau voit bien qu'il la fait rire et qu'il masse ses talons desséchés avec du beurre de cacao. Elle est restée célibataire pendant des années parce qu'elle ne voulait pas se contenter d'un second choix. Quand Gary a débarqué avec son vélo tout terrain prétentieux et son muesli super cher, BING !

c'était du sérieux. Alors croyez-moi quand je vous dis que je n'ai pas l'intention de gâcher le bonheur de ma mère.

Mais, pour être honnête avec vous, cette situation me rend vraiment malheureuse. Cette maison s'apparente à un parc à thème dont on ne pourrait jamais s'échapper. Je ne m'y sens pas bien du tout. Je me sens oppressée à longueur de temps. Et ça ne me ressemble pas de me disputer avec maman comme ça. D'ordinaire, je garde mon sang-froid, et...

OK, disons que je suis raisonnable...

C'est même une malédiction. J'ai toujours été comme ça. C'est à cause de Mme Woods. Elle avait écrit dans mon dossier scolaire : *Millie est une jeune fille pleine de bon sens*. Qu'est-ce qu'elle en savait ? Bon, c'est vrai que quand Stephen Pearson s'est cassé le bras parce qu'il a dérapé dans la cour de récréation en voulant imiter l'envol d'une chouette, c'est moi qui ai suggéré d'appeler une ambulance. Tous les autres, et même Mme Woods, étaient à l'affût d'un téléphone pour faire une photo.

J'avais neuf ans.

Je sais. C'est mignon. Mais un peu triste aussi.

Au collège, on peut être ce qu'on veut : Geek chic, cosplayeur, ou même un gros nerd indécrottable, ça passe. Tout le monde s'en fiche. Bradley Sanderson, qui est en seconde, a un vlog qui s'appelle « Le Roi de l'Élévation ». Il se filme dans des ascenseurs ou en train de prendre des Escalator. L'une de ses vidéos comptabilise plus de 77 000 vues ! C'est largement plus que ce qu'Erin récolte pour ses posts de pleine conscience en pull mohair. Pour certains (qui ne sont plus au bahut pour la plupart), c'est lui, le BOSS.

Mais moi qui suis du genre plutôt... sage ? Eh bien, je suis moins cool que Daniel Gyver, un garçon en classe de première, capable de mâchouiller six stylos-billes entiers (avec la pointe de métal), en l'espace d'un cours de géographie.

Mes amis m'adorent. Selon maman, je suis toujours à l'écoute et on peut se reposer sur moi. Ce qui ne signifie pas que je suis douce et molle comme un oreiller ! (Au cas où c'est ce que vous auriez compris...) Ce qu'elle entend par là, c'est que je sais comment réagir en cas de crise. Même dans le genre de situation qui, selon Lauren, vous contraint à rester caché dans votre chambre des jours entiers à grignoter des chips en jouant à *Candy Crush*.

D'une manière générale, j'arrive à gérer ma famille de fous. Je suis même capable de me débrouiller avec de vrais hommes. J'ai même eu un VRAI PETIT AMI. Dylan Anthony ! Et oui ! Il a été à moi. Pendant un mois et demi. Jusqu'à ce qu'on ait une grosse dispute au sujet des suffragettes. Il trouvait qu'elles en faisaient trop. Ce à quoi j'ai répondu que ne pas avoir le droit de vote juste parce qu'on est une femme est scandaleux.

Je sais, ça doit vous sembler ridicule de rompre pour cette raison. Mais, à ce moment-là précisément, je vous assure que ça m'a paru de la plus haute importance. Voilà pourquoi je me sens paniquée. Je ne suis pas du genre à m'effondrer, à prendre des décisions absurdes, et pourtant je suis sur le point de...

Ce n'est pas *raisonnable* de vouloir quitter sa mère pour aller vivre avec un homme qui vit toujours chez son père à trente-huit ans révolus, et qui par le passé s'est servi d'un élastique et d'un exemplaire de *Rock & Folk* pour m'en faire une couche.

Peut-on parler de bon sens dans ce cas, madame Woods ? Et pourtant j'ai pris ma décision.

J'ai peut-être juste besoin de temps. Du temps pour m'endurcir. Je ne suis pas un dessert gélatineux qu'on secoue dans tous les sens, bon sang ! Je suis Millie. Je suis...

Je dois y aller.

Pour une fois, je vais faire ce que me dicte mon cœur, et ma tête peut bien aller se faire... Chut ! Reste calme et fais-le. Si possible. Et si ce n'est pas possible, mon cœur ira faire la bringue tout seul et mon cerveau restera à la maison devant un film avec un bac de crème glacée.

Je dois être un peu nerveuse. Je n'arrive pas à penser à autre chose qu'à des sucreries. Classique.

#peinedecœur

Après avoir marmonné je-ne-sais-quoi au rez-de-chaussée, maman monte me voir. Elle est nerveuse, son œil tressaute. Ça nous arrive à toutes les deux quand on est en colère. C'est une tare génétique que je partage avec elle.

– Mills, commence-t-elle, en s'asseyant à mes côtés sur mon lit.

S'asseoir à côté de moi. Vous aurez identifié la brillante tactique parentale qui sous-entend : « Je me mets à ton niveau. Je te comprends. »

Je ne pense pas qu'elle me comprenne vraiment.

– Je comprends que c'est difficile pour toi de me partager avec Gary...

Non, elle ne comprend vraiment pas.

– Tu n'es pas un paquet de chips, maman !

– Non, mais tu étais habituée à m'avoir pour toi toute seule. À présent, mon attention se porte aussi vers quelqu'un d'autre.

Je commence à me calmer.

– Et ce quelqu'un a des critères d'hygiène complètement délirants. L'autre jour, il a essayé de nettoyer un coussin avec une lingette antiseptique...

– Il a du mal avec Raymond. Il n'a jamais eu d'animal de compagnie, coupe maman.

– Mais ce n'est pas le problème, maman ! Raymond fait sa toilette deux fois par jour. Et elle utiliserait même du déodorant si elle pouvait tenir le stick entre ses pattes.

Je suis toujours aussi calme... enfin presque.

– Tu as raison, Millie, chuchote maman en passant un bras autour de mes épaules. Raymond est une chatte très propre. Et tu es une gentille fille, qui s'autorégule. (Elle dit tout le temps ça ! Mais qu'est-ce qu'elle entend par là franchement ?!) Quand tu étais petite, tu demandais toi-même à aller au lit. Tu as toujours été...

– « Raisonnable. »

On pépie de concert, comme le coucou de la vieille horloge de grand-père.

– J'ai téléphoné à ton père. Il est ravi à l'idée de t'accueillir. Et il a précisé que tu pouvais amener Raymond. Mais je ne veux pas que tu partes, Millie ! Je ne chercherais pas à t'en dissuader si tel était vraiment ton souhait, mais au fond de toi, au fond de ce cœur tendre et de cette tête bien faite, je sais *que tu sais* que ce n'est PAS une bonne idée. C'est la rentrée. Tu as besoin de stabilité. Et tu en es consciente !

Mais comment maman s'y prend-elle ? Elle me scrute comme un drone et lâche sur moi son missile le plus précis. Et elle continue. Elle lit en moi comme dans un livre ouvert, un livre qui aurait plus d'images que de texte...

– On peut peut-être réfléchir ensemble et trouver un compromis ? Et si, par exemple, je laissais le Wi-Fi allumé jusqu'à dix heures du soir ? On pourrait aussi organiser une petite conférence familiale sur le thème des miettes ?

Je ne peux pas m'empêcher de sourire, c'est plus fort que moi. Je détourne le regard, je ne veux pas que maman le voie. Je sais pertinemment qu'elle cherche à me faire rire.

– Gary est un homme charmant, tu sais, reprend-elle doucement. Bien sûr, il a ce côté « fée du logis » très ancré en lui, mais il me fait beaucoup rire. Il est drôle et gentil, Millie. Donne-lui une chance.

Je n'y crois pas une seule seconde. Monsieur Propre a probablement déjà prévu de transformer ma chambre en Musée de l'Assainissement (c'est un terme que j'ai repéré sur le sèche-mains du collège), pour faire étalage de sa prestigieuse collection de plumeaux.

– Allons Millie, continue maman en passant son bras autour de mes épaules, tu sais que je ne veux que le meilleur pour ma petite fille.

Et c'est ça, le problème. Maman me voit toujours comme cette fillette qui, déguisée en docteur, tentait d'envelopper l'oreille de Raymond dans un torchon. Elle refuse de me laisser grandir. Je dois déménager. C'est la seule façon de leur prouver, à elle et à Gary, que je suis devenue une adulte. Enfin presque.

Je me pelotonne contre elle.

– Je t'aime, maman. Mais j'ai vraiment envie d'aller vivre avec papa, juste quelque temps. Ça me fera du bien de m'éloigner un peu d'ici.

Ça lui fait de la peine, mais elle ne retire pas son bras. Elle prend une profonde inspiration et acquiesce :

– Bon d'accord. Je ne veux pas que tu partes, même quelque temps. Mais tu ne seras pas loin, et quoi que je dise, tu es une grande fille. Si c'est vraiment ce que tu souhaites, je ne vais pas t'en empêcher. Ça te permettra peut-être de prendre conscience de tout ce que tu as ici, et tu reviendras avec...

Elle s'arrête de parler et se traîne hors de ma chambre en reniflant. Faites que ce ne soit qu'une soudaine allergie aux poils de chats, et non des larmes.

Oh maman ! Bien sûr que j'ai envie de rester. Je veux que LUI parte. C'est à cause de lui ! Je me moque de tes règles, des devoirs, et même que tu me déconseilles d'avoir un petit ami avant mes vingt-deux ans. Je veux juste qu'il parte, et, en ce qui te concerne, que tu me laisses être moi-même et vivre au XXIe siècle.

Mais je ne le lui dis pas. J'envoie un SMS à Lauren pour lui raconter ce qui se passe. Ensuite, je descends prévenir maman que j'emporte mon pyjama et mon uniforme pour l'école, et que je reviendrai prendre le reste de mes affaires le week-end prochain. Je n'adresse pas un mot à Gary. *Merci, cher cerveau, d'être encore aux commandes.*

Du moins j'espère.

Avant d'aller ranger mes affaires dans la voiture, je prends une photo de ma chambre et la poste sur Instagram. Mes livres et ma lampe en forme de cactus, avec un filtre Slumber, ça donne un résultat vraiment cool. Ça me permettra aussi de vérifier à l'avenir si quelqu'un y a déplacé quoi que ce soit, ou tenté de la récurer. Ne me cherche pas trop, Gary, car je suis capable de suivre à la trace le moindre de tes coups de chiffon, à la manière d'une fliquette de la police scientifique.

Au moment où je quitte la maison, j'ai déjà deux ou trois likes et autant de témoins. En plus, ils aiment la façon dont j'ai arrangé ma chambre !

Mon ancienne chambre.

Bon sang, mais qu'est-ce que je suis en train de faire ? *Cerveau chéri, peux-tu rentrer de vacances s'il te plaît ?*

Je m'en vais vivre avec mon père.

#lamille-fa

Maman me conduit chez grand-père, et, sur la route, je repense à ce qui vient de se passer. Sa voiture est l'endroit idéal pour réfléchir. Elle conduit comme une petite mamie et ne dépasse jamais la vitesse autorisée, même quand il n'y a aucun panneau ou caméra de surveillance à la ronde. Je peux me couper de la réalité et réfléchir paisiblement.

Je reconnais que notre échange a été... courtois. C'est le mot quand tout le monde se tient bien et se comporte de façon à ne pas finir dans un épisode de *Faites entrer l'accusé*. On est comme ça dans la famille. Certains sont gentiment zinzins (tata Teresa), mais globalement, c'est une affaire qui roule, comme dit papa. Et ça, c'est parce que :

@Parents

Mes parents sont divorcés, mais de la manière la plus charmante qui soit. Ils se sont rencontrés à Ibiza quand ils étaient raveurs. Maman portait des Bikini fluo et des chapeaux de cow-boy. Mais, à mes quatre ans, je suis rentrée avec maman pour aller à l'école. Papa est resté en Espagne et a ouvert une boîte de nuit, puis un bar à tapas, et pour finir il s'est lancé dans un business de saut à l'élastique. Il est rentré l'année dernière et cherche encore un emploi pérenne, alors en attendant il habite chez grand-père. Maman et papa s'apprécient vraiment, mais ils ne veulent pas vivre ensemble. Ce n'est pas courant, je sais... Mais ça me convient. Papa a l'air de comprendre à quel point c'est difficile d'avoir mon âge. Mais maman a oublié, je crois. Quant à Gary Woolton, il n'a jamais été jeune de sa vie. Je parie qu'il n'est jamais allé en soirée, sauf peut-être pour nettoyer les lieux le lendemain matin.

@Grand-père

Grand-père est le père de mon père et, dans l'ensemble, il n'est pas trop mal. Il est hyper sexiste, et ça c'est parce qu'il est né avant l'invention du féminisme. Mais il m'aime, et ne me considère pas vraiment comme une fille. Il dit toujours : « Tu es différente des autres femmes, Millie. Tu n'es pas casse-pieds, tu ne pleurniches pas et tu ne me cries pas après sous prétexte que j'ai les ongles crasseux. » C'est choquant, n'est-ce pas ? Et vous devez sûrement vous demander comment je fais pour le supporter. Eh bien, il me suffit de considérer qu'il est très vieux et que de temps à autre, il me glisse un petit billet de cinq livres pour m'acheter ce qui me fait plaisir. Ha !

@Tata Teresa

Tata Teresa, c'est la Diva Mentalis. Elle a écopé de ce petit nom de Juan, un Espagnol auquel elle s'était fiancée avant de découvrir qu'il était déjà marié à une Estonienne. Elle a tellement la poisse avec les hommes et le boulot qu'elle aussi vit chez mon grand-père. Épisodiquement. Elle a déjà vécu dans un garage, dans la véranda d'un ami pendant six mois, et même sous une tente dans un champ près de Glastonbury. Elle s'était mis en tête de s'installer là-bas, de vivre en autosuffisance de ce que la terre lui offrait. Et elle était persuadée qu'elle pourrait obtenir une entrée gratuite pour le festival. Elle a tenu cinq jours et elle est tombée malade après avoir mangé des baies toxiques. Elle a beau avoir vingt-sept ans de plus que moi, je m'occupe d'elle grosso-modo depuis ma naissance. Une fois, à la fin d'un entretien d'embauche, on lui a demandé si elle avait des questions. Elle a évoqué ses verrues plantaires et a sollicité l'aide de son auditoire sur le meilleur moyen de s'en débarrasser. Vous comprendrez que je suis obligée d'être raisonnable quand les soi-disant adultes qui m'entourent ne le sont pas...

@Raymond

Raymond le chat est une fille. Pourquoi ce nom ? Je ne sais pas. J'avais trois ans et ma mère m'a demandé quel nom je voulais lui donner. J'ai répondu « Raymond ». Et ça lui va comme un gant, même si c'est l'idée la plus stupide que j'ai eue. C'est une féline rebelle qui vit en marge de la société. En fait, elle passe le plus clair de son temps à dormir et à me piquer des chips, mais c'est mon chat, et on se comprend, elle et moi.

Donc les choses se déroulaient à peu près normalement avant l'arrivée de Gary. J'habitais avec maman, on allait manger tous les dimanches midi chez grand-père, et un vendredi soir après l'école. Mais je m'apprête à passer beaucoup plus de temps chez grand-père. Je dois me concentrer sur l'aspect positif de tout ça : terminées les règles inflexibles, le couvre-feu, et le planning horaire pour les devoirs. Et je ne risque plus d'être traquée par une balayette, une pelle à poussière ou une bouteille d'encaustique.

Mais pourquoi suis-je si nerveuse ? J'ai un nœud à l'estomac, une grosse boule d'appréhension.

Raymond n'est pas à son aise dans sa cage pour chat. Elle est grognon. Elle a une réputation de rebelle à tenir que l'enfermement met à mal. Je lui caresse le menton à travers les barreaux. Elle s'est collée au grillage de tout son pelage gris, et elle me crache au visage son haleine parfumée au thon.

Je dois être forte pour Raymond. La haie derrière laquelle elle avait pris l'habitude de s'approvisionner en petits en-cas à base d'oiseaux sauvages risque de lui manquer.

Allons, Millie, ressaisis-toi.

Je me parle à moi-même, vu que Raymond n'est pas douée de parole. Pas encore, en tout cas.

#papanéon

Quand on arrive chez grand-père, papa rayonne, littéralement. J'ai illuminé son samedi soir, et peut-être même sa vie. Il me serre fort dans ses bras et s'exclame :

– Mills ! Tu viens habiter avec des gens qui t'aiment. On va bien s'amuser ! J'ai préparé ta chambre. Va faire un tour là-haut et pose tes affaires.

Maman attend devant la porte d'entrée, l'air triste. La lumière extérieure la fait ressembler à un des méchants dans *Doctor Who*. Et pourtant, elle n'est pas méchante. Et elle est vraiment très jolie. Je lis sur ses lèvres ce qu'elle murmure à papa : « Prends soin d'elle. »

Papa répond : « Compte sur moi. »

Je salue maman. Elle marmonne quelque chose que personne n'entend car Raymond hurle à la mort afin qu'on la laisse sortir de sa cage. On pourrait croire qu'elle souffre mais elle pique sa crise. Le temps de lui caresser la tête de mon doigt qu'elle mord rageusement, maman est partie.

Heureusement, grand-père arrive avec un morceau de poulet tout chaud et tend à Raymond un super-goûter de ses vieux doigts fripés. Elle se met à ronronner (facteur 10 sur l'échelle du ronron), puis se tait. Grand-père me donne aussi un morceau de poulet et chuchote :

– La viande rôtie, ça met du baume au cœur.

Je ne suis pas sûre que le poulet soit d'accord avec ça, mais ce n'est certainement pas le moment de militer pour le végétarisme. Grand-père me serre dans ses bras et je monte à l'étage avec Raymond.

Papa s'est plié en quatre pour ma nouvelle chambre. Il a viré son bongo et une grande partie du bazar de tata Teresa. Il reste quand même sa collection de peluches et ses figurines Sylvanian Families. Si on y touche, elle se met à paniquer sévèrement et doit respirer dans un sac plastique. Je l'ai vu de mes propres yeux.

Donc, il y a des lapins miniatures et un Winnie l'Ourson géant, mais pas de tringle à vêtements.

– Papa, où est-ce que j'accroche mon uniforme et mes habits ?

– Eh bien j'ai pensé que tu pourrais utiliser le vélo d'appartement de tata Teresa. Elle l'a acheté sur eBay, et elle comptait s'en servir une demi-heure par jour devant *Plus belle la vie*, mais elle ne s'y est jamais mise. C'est temporaire, juste le temps de te trouver quelque chose de plus... approprié. En tout cas, prenez vos aises, Lady Mills. Je vais préparer du thé. La cuvée spéciale de papa vous conviendra-t-elle ?

Je lui réponds que oui. Ce qui n'est pas complètement vrai, mais il a l'air tellement heureux que je ne veux pas faire de chichis ni qu'il se sente mal.

Je pose mon jean sur le vélo d'appartement, prends une photo que je poste sur Instagram avec ce commentaire :

Parfois, il faut savoir se contenter de ce qu'on a. Voici ma nouvelle penderie... #flop

Papa ne m'en tiendra pas rigueur, il comprend la plaisanterie. De toute façon, personne ne le verra. Je ne suis pas Erin Breeler, je n'ai pas d'abonnés dans le monde entier, pendus à chacun de mes mots.

Par contre, j'ai une assiette de frites mayo qui m'attend. C'est peut-être pas très #glam, mais c'est #lafamille.

#avalanchedelikes

Après avoir siroté mon thé préparé avec amour, je consulte mon téléphone et là, c'est le choc. Tout d'abord, j'ai un message de Lauren :

Mills ! Énorme ton post ! Comment va ton père ?

Je n'arrive pas à croire qu'en moins d'une heure, ce cliché sans intérêt d'un vélo abandonné acheté à la va-vite sur eBay lors des soldes de janvier puisse être autant partagé et récolter des tonnes de likes ! Et pour couronner le tout, j'ai trente-deux nouveaux abonnés. Et il a beau se faire tard, le Wi-Fi est toujours allumé ! J'ai bien fait de venir vivre ici !

Je savoure ces petits moments pleins de surprises qui s'additionnent.

Tandis que je fais défiler l'intégralité des commentaires (« Ma mère utilise son mini-trampoline en guise d'étagère à chaussures ! »), Lauren m'appelle.

Elle hurle à travers le combiné :

– T'as vu ? t'as vu ?

– Ouais. C'était juste un truc sans importance sur la maison de mon père. Ce n'est pas...

– Mais Millie... Tu as un vrai sens de l'humour, et tu remarques toujours les petits détails auxquels les autres ne prêtent pas attention. Tu arrives toujours à me faire rire quand je ne suis pas au top. Ça ne tombe jamais à plat. Gracie m'a envoyé un message : même sa sœur qui est en première parle de toi ! Il paraît qu'ils ont tous kiffé le truc du panda que tu as fait pour me remonter le moral. Ça a été partagé plein de fois ! Regarde ! Tu es trop bien. Tu devrais carrément faire un vlog ou un truc dans le genre ! Pas sur Instagram parce que c'est le domaine d'Erin, mais un vrai vlog, sur YouTube !

– Non mais franchement, Lauren, je ne suis pas assez intéressante pour ça. Pas comme (c'est la première personne qui me vient à l'esprit) « le cinglé de la Baltique qui prend des bains de slime ».

– Mais si voyons ! Évidemment, tu n'es pas un gars et je ne te vois pas te lancer dans des vidéos à base d'explosifs et de pataugeoires, mais sérieusement, je sais que plein de gens vont t'adorer. Tu pourrais faire ça dans ta chambre, et commencer en expliquant la façon dont tu vis au quotidien avec ta tante fêlée et son vélo d'appartement... Lance-toi ! On ne vit qu'une fois ! YOLO !

YOLO. La phrase préférée de Lauren. Elle me la sort à chaque fois qu'elle veut que je me lance dans un truc un peu osé ou qui sort de l'ordinaire. Et ce n'est pas exactement mon fort... OK, je vais vous expliquer pourquoi. Mais par pitié, n'allez pas croire que je suis ennuyeuse...

#prudenceonnevitquunefois

Je vais être grave honnête avec vous. Je suis plutôt du genre anxieuse. Chez moi, ça peut même carrément tourner à la crise d'angoisse. C'est pour ça que la plupart du temps, je fais preuve de prudence, comme dit maman.

Ça a commencé quand maman s'est fait renverser. J'avais six ans. Elle s'était fracturé le pelvis et est restée une éternité à l'hôpital. Je ne m'en souviens pas exactement mais je me rappelle qu'elle était plâtrée jusqu'au cou et que j'avais pensé : *Oh maman, ne m'abandonne pas*. Ce monde est vraiment dangereux. Et c'est pire quand tu vas sur Google.

650 000 accidents de voiture par an sont causés par des insectes. Une fois, c'est un avion qui s'est crashé parce que des guêpes s'étaient introduites dans un petit réacteur. Il existe une méduse de la taille d'un ongle capable de te tuer ! On a peu de chances d'en trouver dans le Devon, où nous passons nos vacances, mais quand même ! Les escabeaux, les écharpes, les tondeuses à gazon, les vaches ! Autant de choses qui ont causé des blessures sévères, sachez-le.

Je préfère ne pas googler les accidents causés par des vélos d'appartement. Ça ne ferait que me donner un sujet d'inquiétude supplémentaire.

Grand-père me comprend, lui. On dirait qu'il arrive à lire dans mes pensées. D'après lui, grand-mère était comme ça, elle aussi. Il la surnommait le Cygne. Confiante et déterminée en apparence, mais au fond, elle n'en menait pas large. Maman aussi me comprend. Ou du moins me comprenait, avant que Gary débarque.

Donc, oui Lauren, on ne vit qu'une fois. Alors prudence.

Voilà pourquoi j'aime autant rester dans ma chambre. On peut parler avec ses amis sur Messenger.

Sur YouTube, des gens nous font rire ou nous aident à appliquer correctement du rouge à lèvres et du blush. Certains prennent même plaisir à sauter dans des lacs gelés déguisés en lézards pour assurer la promo de leur groupe. On peut regarder d'autres gens prendre des risques tout en restant au chaud.

Est-ce que je me voile la face ? Une chambre c'est aussi l'endroit où des trolls disent ce qu'ils veulent à ton sujet. L'endroit où tu t'aperçois que Mr Style Shame a posté des photos de toi sur lesquelles tu es carrément ridicule.

Lauren a peut-être raison, je devrais profiter de la vie et foncer dans le tas. J'ai réussi à me libérer de maman et de son Monsieur Propre. Peut-être suis-je plus courageuse et meilleure que je le pense ? Remonter le moral de Lauren en me déguisant en panda, c'était épique. Peut-être devrais-je tout simplement faire un vlog ? J'adore Instagram, mais avec un vlog on peut parler aux gens, plaisanter avec eux. Il me suffirait d'allumer ma caméra et...

Et après ?

De quoi pourrais-je parler ? Je ne suis pas douée pour discuter mode ou beauté, et, de toute façon, il y a déjà des centaines de vlogueurs qui font ça très bien. Dois-je me déguiser autrement qu'en panda ? Ma spécialité se limite peut-être aux gros nounours rigolos ?

Raymond m'observe. À cet instant précis, alors qu'elle s'attaque à mon gilet tout en essayant de mordre sa propre queue, je me dis qu'elle ferait une meilleure vlogueuse que moi.

#matougrincheux

En me réveillant, je prends conscience des choses suivantes :

1. Je n'ai jamais aussi peu dormi de ma vie. Toutes les cinq minutes, je guettais les notifications sur mon téléphone. J'en suis à 1 086 likes pour la photo du vélo et 859 vues pour la vidéo du panda. Je me sens un peu comme une Erin Breeler, et, j'avoue, ça fait du bien.

2. Étant donné que cette maison est un vrai congélateur, j'ai sur la tête le bonnet en forme de Christmas pudding de tata Teresa.

3. Raymond m'observe depuis le bout du lit.

4. Lauren m'observe aussi depuis le bout du lit.

– Qui t'a laissée entrer ?

J'ai beau adorer mes amies, je ne suis pas forcément ravie de les retrouver sous ma couette le dimanche matin.

– Euh... personne, murmure Lauren. Je suis entrée toute seule.

Il faut que je m'habitue. On n'est pas chez maman avec ses multiples serrures et son alarme anti-effraction superpuissante. On est chez grand-père, et ici, la porte d'entrée, c'est un peu comme une chatière géante.

Lauren arbore la mine grave d'un aye-aye... mignonne mais un brin flippante.

– Mills, c'est... c'est...

– Qu'est-ce qui se passe, Lolo ?

Ses joues tressautent et ses sourcils font du stretching, comme à chaque fois qu'elle tente de prendre un air sérieux. Je m'attends à une révélation bouleversante, parce que là, elle est sur le point de craquer.

– C'est carrément épique, Mills. Titanesque.

Elle agite ses mains comme si une assiette de flageolets à la tomate avait subitement explosé dans le micro-ondes et recouvert les murs de la cuisine de sauce. Et non, je ne couvre jamais mes plats de film alimentaire. Comme dit papa, la vie est trop courte pour habiller les aliments d'un manteau de plastique.

Je glousse.

Mes ricanements énervent Lauren.

– Non mais sérieusement, Millie ! Regarde ta photo du vélo d'appartement ! Quelqu'un a carrément commenté : « C'est du lourd. J'en veux plus. » Et regaaaarde qui a liké ce commentaire !

Je fais défiler le tout. Danny Trudeau trouve que c'est un moyen astucieux d'accrocher ses vêtements. Le petit nouveau sait que j'existe.

Ce n'est pas l'affaire du siècle, non plus. On like tous tellement de posts chaque jour qu'on est bien incapable d'en faire la liste. Et, de toute façon, je ne fais pas ça pour impressionner les mecs. C'est pour moi que je fais ces trucs débiles.

Lauren ne s'arrête plus.

– Tu pourrais devenir une vraie star du web ! J'y ai réfléchi toute la nuit. Il faut que tu trouves un truc... Je ne sais juste pas quoi exactement.

Raymond saute sur les genoux de Lauren et reste allongée sur le dos les quatre fers en l'air, ne se souciant de rien ni de personne. Elle fait ce que bon lui semble quand bon lui...

Ça fait tilt. J'attrape Raymond et je m'écrie :

– Des chats !

Lauren exulte :

– Mais oui ! On va faire de Raymond une superstar de YouTube ! Les chats récoltent toujours plein de likes.

– Je ne suis pas sûre que Raymond cartonne, Lolo. Je ne crois pas qu'elle comprenne le concept de vlog. Mais ça ne coûte rien d'essayer.

Je sors mon téléphone, regarde à travers l'objectif, et commence à enregistrer.

Je vous présente Raymond, et moi c'est Millie. Je sais que vous voyez passer beaucoup de chats rigolos sur la toile, mais Raymond n'est pas comme les autres.

Lauren attrape son sac et en sort un paquet de tortillas. Elle tente de faire tenir en équilibre une chips sur la truffe de Raymond qui est toujours allongée les pattes en l'air. Ensuite, elle entasse un lama en peluche (celui de tata Teresa), un manuel de sciences (le mien) et ce qu'il reste de son sandwich au poulet autour de Raymond.

Raymond est toujours sur le dos et ne bouge pas un poil. Je continue.

Si vous souhaitez faire le buzz grâce à votre chat, je vous conseille au moins de choisir un chat qui réagit quand on lui met de la nourriture sous le nez.

C'est le moment que choisit tata Teresa pour faire irruption dans ma chambre, avec sa tignasse noire bouclée et sa chemise fluo pleine de taches. Elle a l'air d'un gros nuage maniaco-dépressif particulièrement bruyant. Elle jette un coup d'œil à Lauren et à Raymond au passage, et s'écrie :

– Désolée de débarquer comme ça, Mills, mais j'ai surpris votre conversation, et ce qui me vient tout de go à l'esprit, c'est : « Légumes » !

Je mets l'enregistrement sur pause. Je ne tiens pas à avoir l'air complètement stupide non plus.

J'imagine que vous comprenez à peu près ce que je vous ai raconté à propos de tata Teresa.

Pendant un quart de seconde, Lauren reste perplexe, puis elle se met soudain à sauter dans tous les sens et à hurler de concert avec tata Teresa : « Des légumes ! Des légumes ! »

Je suis décontenancée.

– Ne me dis pas que tu ne l'as pas vu ?!

Lauren me regarde comme si on m'avait greffé un troisième bras à mon insu.

L'inquiétude monte en moi, une boule d'anxiété s'est logée au fond de ma gorge sans que je la sente venir. En général, le « Tu ne l'as pas vu ?! » renvoie à quelque chose que tout le monde a vu, sauf toi.

Je murmure :

– Vu quoi ?

– Millie ! Mais t'étais où, bon sang ?

Lauren sort son téléphone et me montre un chat qui fait un bond de dix mètres de haut après avoir été pris en embuscade par un concombre. Apparemment, ce chat a fait plus de cinq millions de vues et récolté des likes à la pelle.

Un concombre. Sans doute le légume le moins terrifiant qui soit, en dehors des navets qui sont à la fois pitoyables ET impopulaires.

Tata Teresa se précipite au rez-de-chaussée et en revient avec un vrai concombre, trois pommes de terre, une mandarine et un chou-fleur. On libère Raymond de son sandwich et pendant les vingt minutes qui suivent, on la filme aux prises avec les légumes.

Voilà comment ça se passe :

— Lauren place un concombre à côté de Raymond qui se met à le câliner.

— Tata Teresa fait rouler des pommes de terre devant Raymond qui les ignore.

— Lauren fabrique de faux sourcils à Raymond avec des quartiers de mandarines. Ça c'est plutôt marrant.

— Lauren fabrique un petit casque à Raymond à partir de feuilles de chou-fleur. Raymond s'en débarrasse.

Je reçois une notification qui m'avertit que j'ai atteint les limites de mes capacités de stockage sur mon téléphone.

Vous êtes là ! Ici Millie Porter, Lauren et tata Teresa ! Difficile de résister à la tentation de filmer mon chat !

Au moment où je presse le bouton stop, maman débarque comme une furie en tenue de sport, et Raymond se dresse sur ses deux pattes arrière, fait un bond de deux mètres, exécute un salto et se réceptionne à la perfection. Et la caméra est éteinte...

Lauren est très impressionnée.

– Waouh ! Madame Porter, pouvez-vous refaire votre entrée, s'il vous plaît ? Juste le temps que j'actionne la caméra, et...

À la tête que tire ma mère, on comprend aisément que ce n'est pas le moment de l'ouvrir. Tata Teresa, en proie à un de ses rares moments de lucidité, réagit en attrapant Lauren par le bras.

– Allez viens, on va se faire un petit brainstorming pour trouver des idées pour le vlog.

– Euh... OK, répond Lauren d'un ton hésitant.

Elles disparaissent toutes les deux. Je me retrouve seule avec maman et Raymond.

– Je t'ai ramené quelques affaires, Millie. J'ai pensé que tu préférerais avoir ton matériel de classe le plus tôt possible. Pourquoi as-tu une branche de houx sur la tête ?

– C'est un bonnet « gâteau de Noël », parce que j'ai froid, dis-je d'un ton brusque.

C'est très difficile d'être pris au sérieux quand on est déguisé en panda ou en dessert.

Maman secoue la tête et quitte la pièce.

– Je vais décharger la voiture, déclare-t-elle.

Je l'entends grommeler après s'être pris les pieds dans je ne sais quoi qui traîne dans les escaliers. Ce qui ne lui arriverait jamais chez elle.

Je devrais aller l'aider, mais non. Je vais garder mon chapeau ridicule sur la tête et mettre ma nouvelle vidéo en ligne. J'ai le sentiment que la partie avec le concombre n'est pas mal du tout. La famille peut attendre. C'est l'heure du vlog.

#girlpower

Je suis passablement énervée depuis le passage de maman, je dois l'admettre. Je vis ici depuis moins de vingt-quatre heures, et elle est déjà en train de me surveiller.

Je sais pourquoi elle est là. Elle pensait que je serais décidée à rentrer à la maison après une nuit passée ici. Quand j'étais petite, je détestais dormir ailleurs qu'à la maison, alors elle a pensé que j'allais faire une crise de panique et rentrer avant même qu'elle s'en aperçoive. Elle a eu tout faux ! Je suis bien plus forte qu'elle ne croit !

Elle s'inquiète malgré tout. Elle parcourt ma nouvelle chambre de long en large, saisit çà et là des objets avant de les remettre à leur place, ouvre la bouche comme si elle s'apprêtait à parler, puis la referme. On dirait un clip vidéo sans le son.

Elle essaye d'être sympa.

– Millie, si tu comptes t'installer ici, il va falloir procéder à quelques petits aménagements. Tu le mérites ! La porte a besoin d'une serrure neuve, il te faut une penderie pour accrocher tes vêtements. Et un bureau pour travailler. Et il faudrait que quelqu'un fasse disparaître de la véranda ce nain de jardin qui fait ce-que-je-pense !

Je vois de quoi elle parle mais je feins de l'ignorer.

– Je n'ai pas fait attention. Par contre, ce que j'ai remarqué, c'est que, dans cette maison, je peux vaquer à mes occupations sans risquer une attaque de serpillière !

– C'est aussi pour ça que je suis venue. Après ton départ, hier soir, j'ai eu une conversation avec Gary. Il a accepté de ne sortir Mc Whir... le robot aspirateur qu'un jour sur deux. Je tiens donc à ce que tu saches qu'il est prêt à admettre que, *peut-être*, il fait le ménage un peu trop souvent.

– Tant mieux pour lui !

Je me mets à crier. Maman m'a toujours appris qu'une femme forte ne capitule jamais. Elle se bat toujours plus.

– Maman, je demande la cessa... cessa...

– Cessation, coupe maman pour m'aider.

– Oui ! Et je continue sur un ton qui se veut assuré, déterminé et un brin autoritaire : La cessation totale du sujet robot aspirateur.

Maman me regarde d'un air triste.

– Millie, tu sais que c'est impossible. Gary fait des efforts. Je fais des efforts. Toi aussi, tu dois en faire. C'est ce qu'on appelle se conduire en adulte.

Cette bonne vieille Millie se serait tue et aurait fait ce qu'on lui demande. Mais cette bonne vieille Millie s'est muée en une nouvelle Millie. Millie l'Indépendante. Millie la Résurgente (j'ai trouvé ça dans un film). Millie la Résurgente est dans la place ! Et cette Millie-là, elle ne se laisse pas faire...

– Tu sais, maman, il y a plein d'adultes dans cette maison. Et ces personnes font davantage preuve de maturité que certains obsessionnels compulsifs de ma connaissance !

À cet instant, on entend papa qui s'écrie depuis la cuisine :

– Teresa ! Il est hors de question d'utiliser des assiettes en carton sous prétexte que tu ne veux pas abîmer ta manucure d'Halloween en faisant la vaisselle. Et je me fous de savoir le temps que ça te prend de te dessiner des chauves-souris vampires sur les ongles. De toute façon, on est en septembre ! C'est trop tôt. Même pour toi !

Maman me jette un regard entendu et ponctue :

– Tu auras toujours ta chambre chez moi, Millie. Rentre à la maison.

Et elle quitte brusquement la pièce, dans un éclair de Lycra fluo. Maman est canon en tenue de sport. Elle est canon, quoi qu'elle porte.

C'est une femme magnifique et je voudrais tant lui ressembler. Mais je ne lui dirai pas, je suis trop fâchée.

Au rez-de-chaussée, la situation a dégénéré. Teresa prétend qu'on peut nettoyer une baignoire en prenant un bain, rien qu'en se frottant un peu contre les parois.

Mon chat superstar

Partout où je vais, le ménage est source de problèmes.

J'allume la télé et je pique du nez. C'est allé trop loin. Trop d'émotions d'un coup, ça me donne envie de dormir. Surtout si je suis sous la couette.

Dès mon réveil, je consulte mon téléphone et pousse un hurlement à réveiller les morts.

#favorite

Ma vidéo de chat a dépassé les mille vues. C'est sûrement parce que Daily Danesh l'a likée et même commentée !

Trop bien le chat. Posé. Fendard... juste parfait ! Wéééé. Les pouces en l'air !

Daily Danesh est un des meilleurs vlogueurs du moment. C'est un gars qui habite avec sa grand-mère et qui a inventé le Kapla du réfrigérateur. Il a fait une tour d'un mètre cinquante à base de bâtonnets de poisson et de lamelles de pommes de terre congelées ! C'est une véritable légende ! Et il a vu ma vidéo ! Il doit trouver ça cool que mon chat s'appelle Raymond alors que c'est une femelle.

Apparemment, Raymond possède tous les atouts pour devenir la nouvelle sensation de YouTube. La vidéo a été largement partagée par les gens du collège... et notamment par Danny Trudeau.

Je pense qu'il essaye d'être bien avec tout le monde.

Je vous arrête tout de suite. Non, je ne l'intéresse pas. Il ne me connaît même pas ! On est dans le monde réel, là, pas dans un Disney. Les garçons comme lui ne tombent pas dans les bras de filles comme moi.

Je fais une capture d'écran et modifie ma bio en ajoutant : « Appréciée par Daily Danesh » parce que c'est énorme et que j'en ai sacrément besoin après que ma mère m'a infantilisée.

Je me précipite au rez-de-chaussée pour en parler à tout le monde. Papa et Teresa s'adonnent à un combat de *footfight*. Alors j'en parle à grand-père, mais ça ne l'impressionne pas des masses. Il est même carrément désobligeant !

– Tu es en train de me dire que parce que quelqu'un que tu ne connais ni d'Ève ni d'Adam décide soudainement que tu as raconté un truc vaguement intéressant et appuyé sur un bouton en forme de pouce, on devrait fêter ça ?

Je fais un bond, tape des mains et m'écrie :

– OUI !

– Tu es une fille intelligente, Millie, marmonne grand-père. Mais ne compte pas sur moi pour m'extasier pour ce genre de trucs insignifiants. Tu vas prendre la grosse tête, et il n'y a rien de pire que ça, surtout chez une femme.

Loin de moi l'envie de céder à la sempiternelle rengaine « Les vieux ne comprennent rien à rien », mais franchement LES VIEUX NE COMPRENNENT RIEN À RIEN, bon sang ! Et peut-être que si grand-père avait un peu plus encouragé ses enfants, ils ne seraient pas en train de s'entraîner pour les championnats de lutte de pieds sur le tapis de l'entrée à trente ans passés !

Et c'était quoi ce « Surtout chez une femme ?! » Il est de ma responsabilité pendant mon séjour ici de remettre grand-père sur les rails du XXIe siècle en matière de féminisme.

Légèrement découragée, je retourne au premier étage, dans cette chambre qui n'est pas vraiment la mienne. Je m'aperçois que je n'ai même pas dit au revoir à ma meilleure amie, à cause de la tragédie familiale qui se déroulait en bas. Je lui envoie un message.

Désolée pour tout à l'heure Lolo. Je pense que je vais réfléchir à des vlogs qui n'impliquent pas Mademoiselle Minette la Dingo ! On se voit demain. Au fait... Daily Danesh a liké !!!

Je ne veux pas me la raconter mais franchement je suis trop jouasse.

Lauren répond presque instantanément avec environ 200 emojis et ces quelques mots :

C'est la classe Mills. Trop la classe.

Sa réponse est sympa, mais entre nous, je m'attendais à mieux. C'est ma meilleure amie quand même, et Daily Danesh, c'est du lourd. Je lui réponds :

Tout va bien ?

Ce qui sous-entend : « Chelou, ton message. Que se passe-t-il ? Est-ce que tout va bien ? »

Mon téléphone tinte à la seconde même.

Non. Ils se disputent encore. C'est horrible.

Gros sentiment de culpabilité. Comment puis-je être aussi excitée par un like quand mon amie vit dans un endroit constamment en guerre comme on en voit à la télé ?

Je lui réponds :

Reste en dehors de tout ça. Fais comme moi quand ça dépasse les bornes : mets tes écouteurs, fais du coloriage, et n'oublie jamais que c'est toi la meilleure.

Lauren m'envoie plein de cœurs en retour. Donner de l'amour. Ressentir de l'amour. Il n'y a pas grand-chose d'autre à faire... C'est ce qui me semble être le plus approprié.

Vous voulez savoir ce que j'ai constaté ? Peu d'adultes sont capables de ressentir de l'amour. Les parents de Lauren se disputent vingt-quatre heures sur vingt-quatre sur tous les sujets. Cet été, pendant les vacances, on regardait *Harry Potter et les reliques de la mort*, Lauren et moi. Pendant ce temps, son père et sa mère se sont disputés sur à peu près tout, depuis les leçons de natation de leur fille (elle ne voulait plus y aller) jusqu'à l'état de sa gerbille apprivoisée (était-elle morte ou seulement très fatiguée ?). Ça a duré pendant TOUT le film. Quand un enfant sorcier sauve le monde et qu'à côté de vous, on s'étripe autour du cadavre d'une souris, on prend conscience qu'on a de gros problèmes.

Mon problème à moi, c'est que je ne peux pas m'empêcher de vérifier le nombre de vues de mon vlog. Maintenant que Danny me connaît en ligne, je peux peut-être le saluer pour de vrai au collège demain ?

Ou alors, je me contente de rester au calme et à l'abri des radars dans la vraie vie.

#opérationparents

Le lendemain, je retrouve Lauren au collège. Elle a l'air très fatiguée.

– Ils ont crié jusqu'à deux heures du matin, gémit-elle.

Elle retire brutalement les livres de son casier, comme si elle en avait marre de tout.

– C'était vraiment horrible, Millie. J'ai ri jaune en entendant mon père dire à ma mère qu'elle rangeait le présentoir à épices n'importe comment. C'est très difficile d'avoir affaire à des gens qui pètent les plombs pour des histoires de coriandre et de noix de muscade.

Lauren sourit, mais elle est à deux doigts de fondre en larmes. C'est dans ces moments-là qu'une meilleure amie a besoin de se changer les idées, alors je parle d'autre chose.

– Qu'est-ce qu'on fait pour la prochaine vidéo ? (Je chuchote car je ne veux pas qu'on nous entende. Personne ne doit être au courant pour le moment.) Qu'est-ce que tu dirais de ça : « Comment être un parent lamentable ? » On aurait pas mal d'expériences personnelles sur le sujet à partager, toi et moi.

Lauren sautille sur place, son visage s'illumine.

– Oh Millie ! J'adore ton idée ! C'est une problématique universelle. Comme les jeux vidéo, ou le maquillage. Tous les vlogs qui comptent parlent de sujets universels et vraiment importants, comme les chats ou les design cakes.

Je sors tout de go :

– On pourrait parler de tes parents !

Mais comme je sais que c'est un sujet sensible, j'ajoute rapidement :

– Mais on se déguiserait.

Lauren me regarde avec beaucoup de sérieux.

– On pourrait porter de grosses perruques.

– Mmmh, pas forcément.

J'évite de lui faire remarquer qu'il s'agit peut-être de la pire idée au monde, mais j'ajoute d'une voix douce :

– Je pense que si on commence par aborder le sujet depuis notre propre...

Lauren me coupe :

– Je pourrais parler de l'engueulade d'hier soir. Je suppose que de nombreux parents se disputent à propos de natation, de gerbilles et de l'emplacement précis des herbes de Provence dans le présentoir à épices.

Je pense qu'elle est sarcastique sur ce coup-là.

– C'est fort possible, Lauren. Je parie que des disputes de ce genre se produisent dans le monde entier. Et que si nous faisions un vlog autour de ça, nous...

L'atmosphère se refroidit brutalement. Une ombre apparaît. On nous épie. On nous traque. Nous sommes coincées.

– Tiens, tiens, tiens... Mais qui voilà ? Millie

 # Mon chat superstar

Porter ! Alors comme ça, on fait parler de soi en ce moment ?

On laisse tout tomber, et on sort l'artillerie lourde. Erin Breeler fait son entrée.

#plagiat

Croiser Erin Breeler un lundi matin n'est pas exactement la meilleure façon de commencer la semaine. Elle prend même officiellement la première place sur le podium de mes pires débuts de semaine depuis que j'ai eu les amygdales à Noël.

Elle ondule devant nous comme un démon en talons, sa meilleure amie, Miranda la Bouboule, à ses côtés. Nous nous rencognons contre nos casiers. Erin a une bonne tête de plus que nous, elle est bronzée et maquillée à la perfection. Elle bat des cils comme un essaim de papillons bat des ailes. Est-ce que les papillons se déplacent en essaim, d'ailleurs ? C'est le cas des cils d'Erin. Plus sérieusement, si je ne la détestais pas autant, je serais vraiment impressionnée. J'essaye de garder mon calme, mais je panique intérieurement. J'ai les mains moites, ce qui laisse de grosses empreintes sur mon livre de maths.

Elle ronronne. Mais pas comme Raymond.

– Saluons la reine de la garde-robe ! ricane-t-elle. Quelle ingénieuse utilisation tu as faite de cet appareil de sport ! Vraiment Millie, je suis impressionnée.

– Euh... oui.

C'est tout ce que je trouve à répondre, c'est nul ! Pourquoi n'ai-je pas plus de répartie ? Comme la fois où papa a emballé la tête de tata Teresa avec du Scotch. Elle ne pouvait plus parler ni bouger. Exactement comme moi maintenant.

– J'ai vraiment trouvé ça pas mal, continue Erin. Un post étonnamment drôle et futé.

J'ai toujours ce morceau de Scotch imaginaire enroulé autour de mon cerveau et de mon corps, alors je me contente de bafouiller un « merci ».

– C'était vraiment bien, poursuit Erin. Mais ça mériterait une légère... amélioration.

Les rouages de mon cerveau se mettent enfin en mouvement.

– Quel genre d'amélioration suggères-tu, Erin ?

Je durcis le ton, mais sans être ridicule pour autant.

– Pas grand-chose, Millie. Il faut juste définir tes priorités sur Instagram. Ce que tu as fait était super, mais n'espère pas surfer sur la vague du succès si tu ne places pas la barre plus haut.

Là ce ne sont pas les papillons d'Erin que j'ai dans le ventre, c'est carrément un troupeau de bisons qui galopent à travers champs, écrasant tout sur leur passage.

– Et comment dois-je m'y prendre ? réussis-je à articuler, malgré la chevauchée fantastique qui a lieu dans mon estomac.

Erin me gratifie d'un de ses petits sourires narquois dont elle a le secret. Elle dégaine son téléphone, le fait légèrement tournoyer en l'air et le rattrape à la perfection. Elle nous fait le Cirque du Soleil avec le dernier Samsung.

– Choisis bien tes filtres, poste tes contenus au bon moment avec des hashtags pertinents afin de cibler le bon public. Ce sont mes astuces... Ne me remercie pas, Millie, je suis toujours ravie de pouvoir aider les autres.

Malgré une légère envie de vomir, je lui demande comment elle s'y prend.

– Enfin, Millie, ai-je vraiment besoin de te faire un dessin ? Il te suffit de regarder. Regarde et... apprends ! Oh, Lauren, je voulais te dire que tes talons étaient tout simplement fa-bu-leux ! C'est tellement dommage que certaines personnes ne sachent pas apprécier la mode comme il se doit, mais je suis certaine que tes efforts finiront par payer !

Et elle sort, en trombe, avec sur ses talons Miranda qui, le sourire aux lèvres, hoche la tête comme ces chiens-chiens ridicules à l'arrière des voitures.

J'attrape mon téléphone et me rends directement sur le compte d'Erin. Quand je vois ce qu'elle a fait, je suis à la limite de l'explosion comme Gary quand il tombe sur de la moisissure dans la douche.

Cette diabolique Erin Breeler a reposté ma photo sur son compte, après avoir changé le filtre (meilleur que le mien, je dois avouer), et a reçu des centaines de likes en moins d'une heure. Mais le pire, c'est la légende qu'elle lui a attribuée :

Si vous n'avez pas envie de vous entretenir, pas de problème, les filles ! Voyez un peu cette trouvaille géniale de @MilliePorter. Quand on n'est pas une #reinedufitness, on peut toujours se servir de son équipement sportif comme d'un cintre. Pour être à la pointe de la mode, n'oubliez pas de prendre soin de vos vêtements. #glow #Primarni #trucsetastuces

Erin se retourne et constate que j'ai vu son œuvre.

– C'est un beau message, Millie, s'écrie-t-elle. J'aime aider les gens, et tu les aides aussi. On l'a fait ensemble. C'est comme... (Elle marque une pause et prend son air de peste.)... c'est comme si on avait formé une équipe, toi et moi, l'espace d'une minute.

Puis elle s'éloigne. Elle m'a tendu un piège grossier, et j'ai sauté dedans à pieds joints.

Nous restons sans voix. Incapables de prononcer un mot pendant au moins trois heures. Bon peut-être pas trois heures, mais c'est l'impression que ça nous fait. Lauren me regarde et finit par dire :

– Comment fait-elle pour être toujours aussi... parfaite ?

Je soupire.

– Elle est maline. C'est un univers impitoyable, Lauren. Même quand tu fais du bon boulot, elle trouve le moyen de te gâcher ton plaisir. Et maintenant, tous ses abonnés vont me prendre pour une grosse nouille et me troller jusqu'à ce que mort s'ensuive.

– Qu'est-ce qu'on devrait faire, à ton avis ?

Dans ce genre de situations, Lauren s'attend à ce que je trouve une solution, et c'est le cas la plupart du temps. Mais pas cette fois.

– Rien du tout. On va devoir faire avec et...

– Et ? Lauren pose son bras autour de moi.

– J'ai besoin de réfléchir, dis-je.

Et je vais prendre le temps de bien réfléchir à tout ça.

#petitcoinzen

À l'heure du déjeuner, je rejoins ma cachette secrète. J'en ai besoin par moments. Non, je ne vous dirai pas où c'est. C'est un secret.

OK OK. C'est le petit placard à droite de la salle de sciences. Faites-moi confiance, c'est Zen Land.

La plupart des gens n'ont pas idée du pouvoir dévastateur qu'ont les mots à notre époque. Maman m'a raconté qu'un groupe de filles avaient pris l'habitude de l'attendre au coin de sa rue et de l'insulter de tous les noms dès qu'elle passait. Elles étaient six. Elle l'a vécu comme un véritable traumatisme. Six personnes dans une rue. Et c'est tout !

Comment lui expliquer qu'aujourd'hui, en moins d'une minute, des milliers, voire des millions de gens sont capables de rire de toi pour un rien, parce que tu auras fait un truc stupide... Ou même pas si stupide que ça d'ailleurs. Les gens qui suivent Erin vont me trouver pathétique et se moquer de moi.

Je respire profondément. Par moments, il vaut mieux ne pas trop penser à tout ça.

Je ne suis pas du genre à riposter sur le coup de la colère, mais plutôt à réfléchir à tête reposée.

D'abord, je me concentre sur ma respiration. En temps normal, mes poumons fonctionnent parfaitement tout seuls, mais là, je constate que ma poitrine monte et descend. J'ai l'impression que mon corps rétrécit. Ça m'arrive chaque fois que je suis vraiment inquiète. En général, j'arrive à reprendre mes esprits en restant seule quelques minutes. Un détour par le petit coin zen, et ça repart.

Je sors. Lauren m'attend à l'extérieur. Elle est habituée. Elle ne dit rien mais elle sait.

Je suis calme.

En tout cas je le suis jusqu'à ce que j'aperçoive Danny Trudeau et son incroyable sac à dos vintage orange. Il s'avance, sexy en diable, et ma meilleure amie me pince frénétiquement les côtes. Et voilà... je panique.

– Salut Millie !

Danny bondit vers moi comme si on était de vieux amis. Ce qui n'est pas le cas, même si j'aimerais bien.

– Je voulais te dire que j'ai adoré ta vidéo avec Raymond le chat. Quelqu'un en a parlé en cours d'arts plastiques ce matin et j'étais... C'était vraiment drôle. Je suis dingue de chats. Je les adore. J'ai dû laisser le mien chez mon oncle au Canada. Il s'appelle Benny. Je le contacte par Skype, mais il n'est pas très branché parlotte. Un peu comme ton Raymond qui n'est pas douée pour se battre avec des légumes. Bref... ta vidéo était... géniale.

Je ne sais pas trop quoi répondre. Je ne suis pas à l'aise avec les compliments. Mais je ne veux pas passer pour une fille stupide qui glousse bêtement dès qu'un garçon lui adresse la parole, alors j'essaye de changer de sujet. Je me creuse la cervelle pour trouver une réplique à la fois drôle, fine et percutante. Un truc qui ferait que ce garçon me trouverait cool, vive d'esprit et globalement...

– Ton casse-croûte a l'air drôlement sympa !

Ton. Casse. Croûte. A. L'air. Drôlement. Sympa.

Et non, mon cerveau n'a pas l'intention de s'arrêter là. Il a encore des choses à ajouter.

– La boîte est chouette aussi. Elle a l'air solide !

Très cher cerveau si raisonnable de Millie. Merci pour ce moment. Au revoir.

Danny Trudeau me regarde comme si j'avais sorti la première chose qui m'était passée par la tête. Sûrement parce que c'est le cas. Finalement il s'en sort par une pirouette :

– Eh ouais ! Mère chinoise. Père français. La crème de la cuisine est concentrée dans cette boîte.

– Comme Marinette dans *Miraculous* !

Ma tête va exploser. Si Danny me trouvait drôle, mon satané cerveau vient de le convaincre du contraire.

Il sourit légèrement et regarde ses pieds. Un ange passe.

– Bon... je vais devoir y aller, reprend-il. À plus tard, Millie. Salut, euh... Lauren, c'est ça ? Toi aussi tu étais dans la vidéo ! À plus, Lauren !

Lauren lui fait un vague signe de la main. Mon cerveau ne s'est pas encore remis du « Comme Marinette... », et est incapable de former une phrase.

Danny Trudeau et son appétissant casse-croûte s'évaporent en un instant. Je m'écroule sur un banc. Lauren atterrit à mes côtés, la mâchoire pendante.

– Mais qu'est-ce qui s'est passé ? (Lauren n'a pas l'habitude de me voir dans cet état.) Tu étais tellement... Oh Millie ! Il te plaît, c'est ça ?

Je gémis.

Lauren passe son bras autour de moi.

– Ne t'en fais pas ! Peut-être qu'il aime bien parler de... boîtes pour déjeuner.

Elle n'a pas besoin de finir sa phrase pour comprendre que ce qu'elle dit sonne faux, alors elle tente autre chose :

– Il te trouve vraiment drôle, tu sais !

J'ai la nette impression que Danny Trudeau et les autres rient de moi plus qu'ils ne rient avec moi... Il faut vraiment que je fuie cet endroit aussi rapidement que possible.

#superpapa

Quand j'arrive à la maison, papa a enlevé toutes les peluches de ma chambre et déplacé le vélo d'appartement dans l'entrée. Maman a dû lui recommander vivement de faire de ma chambre un endroit agréable. Tant mieux ! Mais ça me dérange un peu... Le vélo sert à présent de portemanteau et de vide-poches. Toutes les factures et les publicités que reçoit mon père s'y empilent.

Ce n'est pas de cette façon qu'on va se remettre au sport.

Grand-père me coince alors que je descends me faire une tasse de thé.

– J'ai l'impression que t'en as gros sur la patate, ma chérie. Je me trompe ?

Je lui déballe tout, ou presque. Ça le laisse perplexe.

– Je ne comprends pas, lâche-t-il. Pourquoi tu te préoccupes de l'opinion de personnes que tu n'as jamais rencontrées, le tout orchestré par je ne sais quelle greluche qui aurait besoin qu'on la remette à sa place !

En tout cas, ça l'inquiète puisqu'il part avertir papa que je subis ce genre de « nouveau harcèlement moderne ».

Papa me rejoint dans ma chambre et me prend dans ses bras.

– Mills, veux-tu que je fasse un saut à l'école pour régler tout ça ?

Je lui montre la photo.

– Voilà le problème. J'ai posté cette photo en premier. Elle l'a partagée en me citant, comme il se doit, mais pour mieux m'enfoncer l'air de rien. Le pire, c'est qu'on ne peut même pas lui reprocher grand-chose. En fait si, mais le souci, papa, c'est qu'elle est très forte. On ne peut pas lutter contre Erin Breeler.

Papa me regarde fixement, puis déclare :

– Tu as raison, Millie. Ne t'approche pas d'elle, c'est clairement un mauvais génie, cette fille. Concentre-toi sur tes amis. Tu es toujours copine avec Lauren, il me semble ?

Ce n'est pas exactement ce que j'attendais de lui. J'aurais aimé qu'il en fasse plus. Bon sang, maman me manque. Elle aurait su quoi faire dans ce genre de situation.

Il retourne au rez-de-chaussée, et malgré l'injonction de mon cerveau qui me hurle de ne pas lire les commentaires, je cède. Je jette un coup d'œil au compte d'Erin. Les likes ont franchi la barre des 1 000, et les commentaires sont terribles :

Comment peut-on vivre comme ça ? Égoïste et complètement à la masse.

Ce jean est affreux ! Inutile d'en prendre soin LOL

Feignante ! ☺

Toujours de bon conseil E

Ouah, cette chambre aurait besoin d'un bon coup de balai et de peinture.

Oui ben j'ai déjà râlé à propos de ma chambre, mais papa fait des efforts, et grand-père est vieux ! Il s'en fiche de la peinture.

Cette personne aurait besoin de se respecter un peu plus elle-même, et de respecter ses vêtements par la même occasion.

Alors que je sens ma poitrine se comprimer de plus en plus, un nouveau commentaire s'affiche :

Erin, ce que tu fais est odieux, tu n'es qu'une grosse hypocrite.

Ça vient de @MissLaurenMeister, le compte de Lauren. C'est courageux, admirable et adorable de sa part... mais également complètement stupide.

#bouclier

J'appelle Lauren sans attendre. Chaque seconde compte. Tant que son commentaire traînera là, quelqu'un pourra le voir et avertir Erin. Et si Erin le lit ou en entend parler, elle ne va pas apprécier d'apprendre que quelqu'un l'a accusée d'être un peu moins que parfaite devant tous ses abonnés. Elle sera d'humeur carrément nucléaire, et elle va sortir la grosse artillerie.

Lauren décroche au quart de seconde.

– Je sais, je sais, glapit-elle. Mais je ne peux plus supporter cette fille. Il faut qu'on lui tienne tête, Millie. Il faut qu'on prenne notre courage à deux pieds !

– À deux mains.

– Ouais, bon, peu importe. On devrait s'équiper d'un bouclier anti-Erin pour réfréner son besoin d'être aussi... formidable. Je vais quand même effacer mon commentaire. Espérons qu'elle est occupée à s'épiler les jambes et qu'elle n'a rien vu !

J'expose mon plan d'attaque à Lauren. J'y réfléchis depuis la confrontation de ce matin dans le couloir.

– À mon avis, la meilleure façon de riposter est de faire une nouvelle vidéo qui déchire. De cette façon, personne ne se souviendra de Mr Style Shame ou du vélo d'appartement.

– Mais oui ! On ne doit pas se louper par contre. Il nous faut le bon nom, le bon look. Il faut que tout soit nickel. Et faire ça aussi sérieusement qu'Erin qui a carrément fait de son vlog une institution.

– Tu as raison, Lauren. Plus de chats ni de pandas ni de vlogs « Comment ceci, comment cela ». Cette fois-ci, on va faire un truc en béton armé. Mais j'espère que tu as bien en tête qu'elle va s'en prendre à nous, Lolo ? Et qu'il faudra vraiment qu'on prenne notre courage à deux pieds !

– À deux mains ! C’est toi qui te trompes, maintenant ! rigole Lauren.

Ça me fait rire aussi.

– Oui. Chacune son tour. Tiens-toi prête, Erin Breeler ! Voici notre vlog, et il parle de choses vraiment importantes ! C’est LE vlog des sujets qui comptent. J’ai une idée ! On va parler de l’école, des parents, des garçons, du maquillage – on peut parler de tout ! De tout ce qui a toujours compté et de tout ce qui comptera toujours ! Et on va commencer par...

Je baisse d’un ton, j’ai l’air ridicule à crier comme ça.

– Oui mais ça mérite un peu de réflexion, Mills, dit Lauren d’un ton gêné. On appellerait ça comment ? Si on veut se mesurer à Erin, on doit trouver un nom qui ait de la gueule.

Elle a raison.

Elle réfléchit, puis chuchote :

– On pourrait peut-être trouver un pseudo satirique, du genre « Helen Teeler » ?

– Oh, Lolo, je ne pense pas que ce soit une bonne idée. Bon, je vais y réfléchir et on se retrouve demain après les cours pour en discuter sérieusement.

Je lâche mon téléphone et trébuche sur une balle de tennis qui traînait près du lit. Pour notre prochaine vidéo, on va devoir trouver un endroit calme où la probabilité que quelqu'un débarque dans la pièce en hurlant soit proche de zéro. Et quand j'entends Teresa pousser la chansonnette en évoquant son dernier rencard Tinder, j'ai bien conscience qu'on ne pourra pas faire ça ici.

#enextérieur

– On ne peut pas faire ça ici, Mills. Écoute !

Quand on arrive chez Lauren, tout est silencieux. Ses parents ne sont pas en train de crier. De plus la maison est parfaitement propre. Les conditions sont optimales pour tourner une vidéo.

– Pourquoi pas ?

– Parce que c'est toujours très calme avant qu'ils explosent à nouveau.

Ça m'ennuie un peu. Je comptais sur la maison de Lauren. Je sais que ses parents sont nuls, mais ma situation familiale ne vaut pas beaucoup mieux !

Je suis certaine qu'on peut faire une vidéo sans les avoir dans nos pattes. J'essaye de l'en persuader.

– Mais on ne peut pas faire ça chez mon grand-père. C'est le chaos, et personne ne comprend le concept de vie privée. Tata Teresa débarque dans ma chambre toutes les deux minutes.

Lauren baisse la tête.

– Millie, on ne peut pas faire ça ici.

– Tu es sûre ? Ce vlog est vraiment une bonne idée, je refuse de laisser tomber et je tiens à ce que ce soit parfait.

– Millie... il y a un match de foot ce soir. Maman veut le voir, mais pas papa. Il se met à pester contre la terre entière, et contre maman en particulier, parce qu'elle porte encore des robes à fleurs et des Doc Martens à quarante-et-un ans.

C'est exactement le genre de choses qui me font sortir de mes gonds.

– Mais ça lui va super bien ! C'est complètement sexiste !

– Je sais, soupire Lauren. Mais il ne le pense pas vraiment, il est juste énervé.

Ça me donne une idée.

– On devrait aussi parler des discriminations dans notre vlog, Lolo. Il y a beaucoup de choses à dire autour du féminisme et du sexisme. Doit-on porter du maquillage quand on milite pour un monde plus juste ? Ou des trucs du genre ?

– Peu importe, Millie. On ne peut pas faire ça ici. Je ne plaisante pas.

Mes pensées sont encore interrompues par un flash spécial.

– Je sais où on peut le faire. Il faut juste qu'on fasse attention à l'heure. Chez ma mère. Je ne veux pas retourner y habiter, mais... ma chambre serait l'endroit parfait !

Lauren a l'air horrifiée.

– Mais tu n'habites plus là-bas !

– C'est vrai ! Mais j'ai toujours les clés, dis-je avec un clin d'œil.

– Et qu'est-ce qu'on fait de Monsieur Propre ? demande Lauren.

– Le mercredi et le jeudi, il rentre tard du travail. En se calant sur ses horaires et ceux de maman, tout ira bien ! Demain après l'école, on aura quarante-cinq minutes, montre en main. On peut y arriver ! Fais-moi confiance !

J'ai dégainé ma panoplie de fille raisonnable et sensée. Et elle me va comme un gant.

#cambrioleuses

On se rend directement chez maman après les cours. Il y règne un silence de mort. On grimpe l'escalier et j'ouvre la porte de mon ancienne chambre. C'est mercredi, Gary n'est pas là. Place aux gens normaux !

Quand je pénètre dans ma chambre, je constate que quelqu'un a épousseté les stores dans les moindres recoins. Personne ne fait ça. Je parie que même les stores du prince Harry sont crasseux. Ça a l'air plus propre que jamais. Et ça n'était pas très sale à la base. Je suis tout à fait consciente de toutes les maladies que peuvent porter la poussière et les acariens. J'ai vu des photos de punaises de lit agrandies un million de fois.

– Bon, soupire Lauren. Pour commencer, de quoi va-t-on parler dans notre vlog ?

Je compulse les quelques notes que j'ai griffonnées. Selon maman, une bonne préparation est la clé d'une bonne performance. Pourquoi faut-il toujours que je pense à elle ?

– Trop bien ! s'exclame Lauren, il faut qu'on se prépare.

Lauren a une collection de maquillage considérable. Sa mère et son père lui achètent un truc dès qu'ils se sentent coupables de crier et de lui causer du chagrin. C'est-à-dire souvent.

On passe un certain temps à peaufiner notre base, puis on se lance dans un contouring minutieux. Du gloss brillant sur les lèvres et du fard à paupières sombre.

Lauren nous regarde et ponctue :

– Super. L'effet est assez pro mais reste accessible. Ça nous donne un côté sérieux mais pas intimidant pour autant, le style des femmes actives d'aujourd'hui, toujours sous pression. On travaille. On cuisine. On accouche.

Je me force à ne pas rire mais c'est plus fort que moi.

– Lolo t'es con ! D'où est-ce que tu sors ça ?

Elle se marre aussi.

– J'ai vu ça dans *Télé Matin* quand j'étais arrêtée pour ma conjonctivite. Sérieusement, c'est du maquillage livré avec un message.

On se met à rire comme des folles.

– Lolo, on doit rester calmes. Si maman nous surprend, elle va penser que je ne tiens pas le coup chez grand-père.

– C'est le cas, répond Lauren d'un air penaud et désolé. Tu es Madame Proprette et tu vis dans une maison qui a en permanence des allures de lendemain de fête.

Je lui jette mon regard qui tue.

– Pas du tout. Ce n'est simplement pas l'endroit idéal pour préparer notre vlog, c'est tout.

Comme je dois avoir l'air un peu vexée, Lauren se contente de décrocher la guirlande électrique qui orne mon miroir, et l'agite au-dessus de ma tête.

– Tu veux que je tienne les lumières comme ça ?

Je n'ai pas envie que ma meilleure amie joue les sapins de Noël dans mon dos. On risque de ressembler à ces vlogueurs farfelus et un peu foufous, et ce n'est pas ce qu'on cherche à faire. Je ne prétends pas qu'il faille s'abstenir de faire de l'humour, mais on a des sujets sérieux à traiter.

– Viens t'asseoir à côté de moi, Lolo. Bon. Par quoi on commence ? J'avais pensé qu'on pourrait...

Lauren m'interrompt.

– Peut-être qu'il faudrait d'abord se présenter, se dévoiler un peu, et ensuite improviser. Surtout, rester naturelles et parler avec le cœur !

Elle se tourne vers moi.

Je ne tiens pas à me fâcher. Il me semble qu'on devrait se préparer un peu plus que ça. Mais je ne veux pas jouer la chef ou la Madame-je-sais-tout avec Lauren. Ça, c'est digne de l'ancienne Millie, celle qui était sous la coupe de sa mère. Maintenant, je fais en sorte de vivre davantage le moment présent...

– OK ! C'est parti !

J'appuie sur le bouton « enregistrer » de mon téléphone et on s'exclame de concert :

– Coucou !

On s'écroule de rire.

– C'est bon, on la sort ! je m'exclame. Deuxième.

– Deuxième quoi ?!

Lauren a l'air perplexe.

Je lui explique :

– C'est un truc de réal. Deuxième prise ! OK. Cette fois c'est la bonne.

On allume la caméra et on se met de nouveau à rigoler.

– Lauren !

– Désolée, articule-t-elle dans un rire étouffé par un reniflement. C'est juste que... enfin tu vois, quoi !

– Je vois, je vois. Bon. Pense à quelque chose de vraiment sérieux.

Lauren me fixe intensément.

– La mort.

Et on recommence à rire sans pouvoir s'arrêter.

– Bon sang mais c'est quoi le problème ?! On est vraiment graves, franchement. On arrive même à rire à propos de la mort !

Et Lauren s'écroule sur mon petit tapis moelleux, secouée de rires.

– Ce n'est même pas drôle !

Mais ça ne m'empêche pas de rire aussi.

Soudain, j'entends un bruit de l'autre côté de la porte.

– Chut Lauren ! je crois que maman est rentrée ! Ou alors c'est Gary !

Quelqu'un s'approche de ma chambre.

On a fait tellement de bruit qu'on va passer pour des cambrioleurs. Mon cœur bat la chamade. Lauren cherche un peu de réconfort dans mon regard, mais je suis bien incapable de lui en donner. Je suis moi-même terrorisée.

Elle murmure :

– Et s'ils cherchent à nous assommer avec un truc ou qu'ils appellent la police ? Ou alors s'ils appellent la police ET nous assomment ?

– Chut ! Tout va bien se passer.

Je n'y crois pas une seule seconde.

La porte grince légèrement. Quelqu'un cherche à savoir qui sont ces intrus. À moins que... Mon cerveau amorce une folle spirale d'inquiétude. Et si c'étaient des cambrioleurs, justement ? Des prisonniers qui se seraient évadés et viendraient se réfugier dans une maison proprette dotée d'une réserve de bonnes soupes et de biscuits qui ne font pas de miettes. On a de sérieux ennuis, là. Je le sens, je le sais. Je suis sérieuse, ça craint vraiment.

Ça...

Mc Whirter, le robot aspirateur, se glisse dans la pièce en tournant sur lui-même et tente d'engloutir Lauren, encore au sol. Je parie qu'il est paramétré pour nettoyer automatiquement tout ce qui traîne. Il a un petit pied à sa base sur lequel il s'appuie pour grimper les escaliers.

J'explose :

– Mc Whirter !

– Ne le contrarie pas, implore Lauren, il risque de tout raconter à Gary !

– Mais enfin Lauren, ce n'est qu'un robot !

Lauren plisse les yeux.

– Et s'il était équipé d'un dispositif de surveillance ? Une caméra microscopique reliée à ta mère par satellite... Peut-être qu'elle ne travaille pas à l'hôpital... Peut-être qu'elle est employée par le gouvernement pour espionner les adolescents un peu partout, et que les robots aspirateurs ne sont en fait que des caméras avec option nettoyage !

Je crois que c'est vraiment le moment d'y aller.

– Lauren. On s'est laissé prendre au piège dans cette foutue maison. Voilà pourquoi je voulais le faire chez grand-père à la base. Viens, on s'en va.

– Mais et le vlog ?

Lauren a l'air vraiment déçue. Son rêve s'effondre.

– Il nous faut juste une solution de rechange, lui dis-je. On ne laisse pas tomber. Viens chez moi, on va manger un morceau et se poser pour réfléchir.

Je passe mon bras autour de ses épaules. Je n'ai pas la moindre idée de l'endroit où on pourrait filmer, mais Lauren n'a pas besoin de savoir ça pour le moment.

#cabanondesecours

Chez grand-père, papa et Teresa sont en plein karaoké. Teresa se donne à fond sur une ballade poignante, et papa hurle à la mort, comme un chien abandonné. Ils s'amusent bien ensemble, mais aucun des deux ne s'est occupé des tâches importantes. Une couette pelucheuse a été oubliée au fond du sèche-linge. Cette maison est un véritable capharnaüm, et tout est à deux doigts de prendre feu.

Dans ces conditions, la meilleure chose à faire est encore d'aller voir ce que fabrique grand-père. Comme d'habitude, il est dans son abri de jardin. Il y passe beaucoup de temps. Il ne comprend rien à internet ni aux femmes, mais il pensera peut-être à me proposer un endroit calme et propre pour tourner une vidéo.

Je frappe à la porte du cabanon. Lauren reste à l'extérieur. On tient à deux dans cet abri, mais pas à trois. Grand-père s'est assis et demande à un minuscule bouton de rose pourquoi il refuse de bourgeonner. Même si ça paraît légèrement incongru, je préfère encore ça que le karaoké.

– Grand-père, est-ce que tu peux...

Tout à coup me vient une pensée bizarre.

Le cabanon de grand-père serait l'endroit parfait pour le vlog à condition de ranger tout le matériel de jardinage, les plantes en pots, le grillage vert, les outils, les bouts de bois et son calendrier avec les échassiers de bord de mer.

Grand-père m'observe tandis que j'examine l'endroit.

– J'imagine que tu as de bonnes raisons de venir ici. Le calme. Le gros verrou qui nous isole du monde extérieur. Je veux bien que tu te serves de cet endroit, mais ne touche pas à mes oiseaux. Ce calendrier reste ici.

Mon grand-père a des dons de médium.

– Je me demandais juste si on pouvait utiliser ta remise pour filmer avec Lauren. On veut faire un vlog.

Il me scrute de son regard inquisiteur de détective privé sur la piste d'un coup fumant.

– Qu'est-ce qu'un vlog ? C'est illégal ?

– Mais non, grand-père ! C'est juste une vidéo à télécharger que tout le monde peut voir.

– Et pourquoi les gens voudraient voir ça ?

Je sais que grand-père ne dit pas ça méchamment, il n'y comprend rien, c'est tout.

– En fait, on partage quelque chose avec eux, ça peut les aider ou les faire rire, ou...

– Et tu vas leur raconter quoi ? Qu'est-ce que toi tu aurais à leur dire de si intéressant ?

OK. Là, il hausse le ton. Il se la joue Capitaine Sexiste de sa Condescendante Majesté.

Je lui réponds un peu sèchement :

– Je me lance dans un vlog de conseils drôles et décalés sur la façon dont on gère sa vie au quotidien, avec tous les idiots qui nous entourent, la famille et les trolls.

Il me regarde d'un air soupçonneux.

– Millie, tu sais que les trolls n'existent pas vraiment ? C'est vrai qu'on t'a raconté qu'ils se cachaient sous les ponts et qu'ils terrorisaient les troupeaux de moutons, mais en réalité...

Je commence à perdre patience, j'essaye de faire simple.

– Grand-père... Un troll c'est quelqu'un qui te harcèle sur internet et les réseaux sociaux.

Lauren acquiesce d'un signe de tête dans mon dos.

– Eh bien dis-leur d'arrêter, répond grand-père.

J'essaye d'être patiente. Vraiment.

– Ça ne marche pas comme ça. Ils continueront, même si tu leur demandes d'arrêter.

Grand-père a l'air en colère. Les poings serrés, il s'écrie :

– Parles-en à un professeur alors ! Ou à moi... Je t'aiderai à faire le tri, mon chaton.

Sa réaction me touche, mais je ne sais pas par quoi commencer.

– Le problème, c'est qu'on ne sait pas toujours de qui il s'agit, grand-père.

Je pense à Mr Style Shame.

– Ou alors tu ne peux pas prouver qu'ils sont vraiment odieux.

Là je pense à Erin Breeler.

Grand-père me regarde.

– Millie, je n'ai pas tellement envie que tu te confrontes à ce monde-là.

Je hurle :

– Ce monde-là ? Mais c'est le monde dans lequel on vit !

– Alors les jeunes filles doivent faire attention.

Grand-père est obsédé par le fait que les jeunes filles doivent faire attention. Ça a le don de m'énerver.

Je rétorque :

– Les jeunes garçons aussi. Je peux utiliser le cabanon, s'il te plaît ?

– Oui Millie, tu peux l'utiliser. Parce que tu n'es pas idiote. Tu as échappé aux gènes de ton branquignol de père. Mais fais attention. Pense d'abord à toi avant de penser aux autres.

Il me le conseille souvent, ça. Je trouve ça un peu égoïste, mais il est égoïste. On lui a servi ses repas et lavé son linge pendant trente-cinq ans. Il ne comprend même pas ce que signifie penser aux autres.

Mais bon, il essaye de m'aider, alors je le prends dans mes bras et le remercie.

Il opine du chef. En sortant du cabanon, il ajoute :

– Je vais aller vider le sèche-linge avant qu'il explose.

Grand-père me ressemble. Il m'aime bien. Il me comprend. Je l'adore.

J'invite Lauren à entrer.

– Grand-père est d'accord pour qu'on utilise son cabanon pour le vlog !

– Tu crois que c'est une bonne idée, Mills ? Ce n'est pas très glamour comme endroit.

Je lui fais comprendre qu'on n'a pas d'alternative et qu'on ne doit en aucun cas toucher au calendrier avec les oiseaux.

Lauren prend un air dégoûté.

– On ne peut pas faire de vidéo sérieuse avec un oiseau en arrière-plan.

Je partage son point de vue.

– On va changer de mois, on tombera peut-être sur un oiseau plus sympa.

Lauren tourne les pages, passant du chevalier guignette au courlis cendré, puis au courlis corlieu, avant de me demander si je ne trouve pas le bécasseau de Temminck plutôt sexy avec ses pattes de cycliste olympique.

Je la regarde bizarrement.

– C'est un oiseau !

Ma meilleure amie est encore partie sur sa planète et je dois la ramener sur terre.

– Laisse-le sur la barge rousse, et commençons. Grand-père ne va pas nous laisser l'endroit pour l'éternité.

Lauren affiche une mine sérieuse. Elle marque une longue pause avant de murmurer :

– Tu sais, je pense sincèrement que tu devrais le faire toute seule.

– Quoi ?

L'intérêt dans tout ça, c'est que c'est précisément un truc sympa à faire ensemble, Lauren et moi.

– Écoute, Mills, je ne suis bonne qu'à te couper la parole et à répéter tout ce que tu dis ! Je vais avoir l'air stupide. Même quand on était chez ta mère, je ne le sentais pas. Sérieusement. Je pensais en avoir envie, mais au fond, pas tant que ça.

– Lauren, s'il te plaît, ne me lâche pas, tu ne peux pas me faire ça !

J'en rajoute un peu, mais tant pis.

– Tu es drôle sans te forcer, et tout le monde t'adore ! Et en plus, tu es magnifique !

Lauren regarde ses pieds.

– Tu vas le faire toute seule, mais je tiens à te diriger, te maquiller, m'occuper du décor et peut-être même être derrière la caméra.

Et elle finit par me donner la vraie raison de son refus d'apparaître à l'écran :

– Je déteste ma tête, même avec un contouring. J'avais l'air d'une cruche sur la photo de Mr Style Shame. Je déteste mes jambes aussi. Et quand je parle à la caméra, ça me fait un quadruple menton !

Elle me tape sur les nerfs.

– Tout le monde a un quadruple menton, Lauren ! Si tu ne l'avais pas, ton cou s'effondrerait et ta tête dégringolerait.

Ça ferait un bon sujet pour le vlog. Ces gens qui ne veulent pas être filmés parce qu'ils détestent leur apparence, même s'ils ne devraient pas.

– Je n'ai pas envie d'en parler, Mills, tranche Lauren.

Je pense avoir compris.

– Est-ce qu'on t'a trollée, Lauren ? N'y prête pas attention ! Débranche-les !

C'est un bon conseil mais je ne suis pas sûre que je le suivrais moi-même le cas échéant.

Lauren s'agace.

– Je n'ai pas envie d'en parler, Millie, mais je peux te donner un coup de main avec le reste. Si je prends la responsabilité de la mise en scène et des décors, je te dirai vraiment ce que je pense. Avant de te lancer dans ton premier vlog, tu devrais t'appuyer sur les conseils d'un expert pour que ça rende bien. On va en avoir besoin pour arranger cet endroit, c'est un cabanon quand même. Qui fait des super-vidéos dans notre entourage ?

– Erin Breeler, et tout un tas d'autres gens qui ne nous aideront pas.

J'ai du mal à respirer. J'étais tellement enthousiaste... et là, mon excitation retombe à vitesse grand V.

– Je sais qui peut nous aider, avance Lauren timidement. Bradley Sanderson.

– Bradley Sanderson ? Le roi des ascenseurs et des Escalator ?! Mais on ne va pas faire de vlog sur des machines.

– On s'en fiche des sujets de ses vlogs, Millie. Ce qui compte, c'est qu'il est très bon dans ce domaine. Il a des tonnes de vues ! Tu devrais lui en parler demain au collège. Et évite de croiser la route d'Erin.

Erin. Elle ferait passer mon vlog de conseils pour un truc sur l'ornithologie en un rien de temps. Jamais au grand jamais, elle ne s'abaisserait à poster quoi que ce soit qui aurait été filmé dans un abri de jardin. Lauren a raison. Il me faut le génie d'un geek capable de bricoler les gadgets de James Bond. Bradley Sanderson sera ma botte secrète.

#sosgeek

Le jeudi, pendant la pause déjeuner, j'essaye de mettre la main sur Bradley Sanderson. Et ce n'est pas une mince affaire. Comme nous n'avons pas le droit d'utiliser nos téléphones au collège, je suppose qu'il s'est caché dans un coin sombre. Ça ne doit pas être facile de tenir un vlog aussi ringard et qui a néanmoins un succès fou. Il a probablement plus d'amis virtuels que dans le monde réel.

Je commence par le chercher à la bibliothèque, puis au labo informatique et dans les salles de classe des secondes, vides à cette heure, et enfin dans chaque petit recoin de l'école. Finalement, j'aperçois un gros anorak de fourrure accroché au portemanteau, et Bradley caché dessous. Éclairé par la seule lumière de son téléphone, il a l'air vraiment flippant. Il porte des lunettes aux verres teintés de geek chic et une frange hirsute qu'il peut rabattre sur son visage comme un rideau.

Il lève les yeux vers moi.

– Qu'est-ce que tu veux ?

Je lui réponds, un peu nerveuse :

– Salut Bradley. Je suis Millie Porter, en quatrième. Je me demandais si tu pouvais m'aider pour mon vlog ?

– Ah ! Une demoiselle en détresse... « Aide-moi, Obi-Wan ! Tu es mon seul espoir ! » Je ne pense pas qu'on se soit déjà croisés, mais comme il s'agit de vlog, tu veux que je t'aide !

Il est légèrement sarcastique. Je ne dois pas être la première à vouloir faire ami-ami avec lui afin d'obtenir des conseils pour les réseaux sociaux. Ça dépasse clairement mon champ de compétences mais je tiens à apprendre.

Je continue :

– Tu es un peu cet oiseau de nuit que tout le monde connaît mais qu'on ne croise jamais à la lumière du jour. Tu as plein d'abonnés, Bradley. Quel est ton secret ?

Il se radoucit un peu.

– De quoi parle ton vlog ?

Je m'installe tout naturellement sous une veste à côté de lui, ce qui pourrait paraître bizarre dans un autre contexte. Je tente une explication :

– Je voudrais faire un vlog pour aider les gens qui ne se sentent pas à leur place à l'école, qui traversent des moments difficiles chez eux, ou qui se font troller. Mais il n'est pas question de donner des conseils plan-plan, il faut que ce soit un peu décalé !

Bradley regarde son téléphone. Ça ne doit pas être la meilleure idée de vlog dont il ait entendu parler...

– C'est facile de faire un vlog. Tu le fais sur ton téléphone en mode paysage. Tu télécharges une appli. L'appli parle à ton ordi. Tu la charges et tu la publies.

Bradley pense que je suis débile, en fait. Sa réaction tient du sexisme comme du paternalisme.

– Mais je sais tout ça. Ce qui m'importe, c'est de comprendre comment on intéresse les gens, comment on fait pour qu'ils s'abonnent ? De quelle façon doit-on s'adresser à ses abonnés ?

Bradley me regarde et sourit.

– Millie, je serais ravi de te donner un coup de main. Mais il ne s'agit pas juste de pondre les bons hashtags ou de publier des choses régulièrement.

– Mais j'ai vraiment besoin d'aide, Bradley ! Je n'ai jamais fait ça avant. Et tout ce dont je dispose, c'est du cabanon de mon grand-père et d'une meilleure amie experte en contouring ! Et d'un chat !

Je sens le désespoir m'envahir et en plus j'ai super chaud sous cette veste.

– On pourrait sortir de dessous de ces manteaux, s'il te plaît ?

Soudain la veste sous laquelle je m'étais cachée se soulève et ce que je vois me prive littéralement d'oxygène, même si ça paraît impossible ou que cela implique que je tombe raide morte.

Danny Trudeau nous regarde.

Je perds les pédales et le contrôle de mon système neuronal. Je lâche la première chose qui me passe par la tête en pointant Bradley du doigt :

– On n'était pas en train de s'embrasser !

Bradley acquiesce si promptement que c'en est presque grossier :

– Non, pas du tout !

– Salut Millie ! Ne t'en fais pas, ce ne sont pas mes affaires de toute façon.

Danny est rayonnant. Son sourire est pareil aux aurores boréales. Enfin j'imagine. Pareil aux fonds d'écran qui représentent un ciel étoilé...

– En fait, c'est ma veste, dit-il en indiquant le manteau sous lequel je me suis calfeutrée, le front dégoulinant de sueur.

Alors que je tente de m'extraire du manteau, rougissante et confuse, je parviens à bafouiller quelques mots :

– On discute de vlogs !

Danny s'appuie un instant contre un casier et me fait un clin d'œil.

– Bien sûr, je comprends. Désolé de vous avoir dérangés !

Je ne veux pas qu'il s'en aille, alors je continue de parler :

– Oui, j'ai l'intention de faire un vlog de conseils. Dans la continuité de ce que j'ai fait avec le vélo d'appartement, le panda et Raymond.

Ça a l'air complètement saugrenu quand j'énumère tout ça à voix haute...

– Qui est Raymond ? demande Bradley.

Danny se pince les lèvres. Son front se ride quand il réfléchit.

– Ah oui... ça a l'air...

Et soudain son visage s'éclaire.

– Oui ! Je sais ! Tu devrais lui donner un nom court et percutant comme... #help !

Je bondis.

– #help ! C'est une super-idée, Danny ! Merci !

– C'était ton idée. Je suis juste ta muse.

Je ne comprends pas trop ce qu'il entend par là, alors je me contente d'acquiescer :

– Oui !

– Bon ! Je dois y aller à présent, s'exclame Danny. Bon courage pour ton vlog.

Et il disparaît à la manière d'un oiseau. Pas un échassier, plutôt un aigle majestueux et sexy.

Quand j'émerge de mon état second, Bradley me regarde bizarrement. Il a presque l'air désolé pour moi.

– Tu vois, Millie Porter de quatrième, cette conversation aurait pu constituer une parfaite séquence vidéo !

Je récupère quelques miettes de ma dignité et lui réponds :

– J'étais juste un peu troublée par... tout ça, mais j'ai besoin de toi. Je ne vais pas te supplier à genoux. Et au moins j'ai un nom pour mon vlog ! Pourrais-tu m'aider à faire quelque chose d'utile et de consistant, s'il te plaît ?

Bradley soupire.

– Rendez-vous au centre commercial, samedi. Ils ont installé des ascenseurs Schindler et, crois-moi, c'est la classe internationale. J'ai déposé une requête pour pouvoir les filmer.

– Tu connais des gens qui veulent les voir ?

J'ai du mal à le croire.

Oui, Millic. Mon vlog a pris une dimension mondiale. Retrouve-moi là-bas samedi à 14 heures. Je ferai de mon mieux pour te donner un coup de main.

– OK ! Je considère ça comme un rencard ! Je me rattrape rapidement : Enfin, ce n'est pas exactement un rencard, mais tu vois ce que je veux dire. C'est un rendez-vous.

– Ne t'inquiète pas, Millie. J'ai une copine, et elle aime aussi les ascenseurs. Donc non, ce n'est pas un rencard.

– Je ne savais pas que tu avais une copine ! Elle est en quelle classe ?

Cette journée est pleine de révélations.

Bradley soupire et fanfaronne :

– Elle habite aux États-Unis. Elle s'intéresse surtout aux trottoirs et aux escaliers mécaniques d'extérieur. On s'est rencontrés comme ça. En ligne. J'ai envie de prendre un billet d'avion pour aller la voir l'année prochaine, mais ma mère n'est pas trop d'accord.

– Ils ne sont jamais d'accord. Ma mère est très gentille mais elle deviendrait folle si elle savait que je tenais un vlog.

Bradley hausse un sourcil.

– Elle finira par le découvrir, Millie. Ça se termine toujours comme ça. Pour peu que tu aies du succès, tu peux être sûre qu'elle va en entendre parler. Bon, à samedi. Je dois y aller. Gros devoir de maths à préparer. Un peu de douceur dans ce monde de brutes.

Bradley disparaît en rasant les murs de façon que personne ne le voie.

Il faut que j'aille en classe, maintenant. Et je dois aussi parler à maman de mes activités. J'ai plein de trucs à faire, mais mon esprit est trop encombré par la dernière image que Danny doit avoir de moi : noyée sous une pile de manteaux.

Je me transforme en midinette. Je dois me reprendre. Je ne supporte pas les filles qui deviennent gagas pour des garçons, qui laissent tomber leurs amies et deviennent ridicules.

En plus, on se doute de ce qui va arriver à Danny Trudeau.

#prévisible

– C'est évident qu'il va finir par sortir avec Erin Breeler.

Ce jeudi après-midi, pendant la séance de torture que constitue l'étude de Shakespeare, Lauren me balance ce que notre classe entière pense tout bas. Et là on peut vraiment parler de tragédie.

– Je sais. Je lui ai parlé ce midi, et je pense exactement la même chose. En plus il sent bon. Aussi bon qu'un diffuseur d'huiles essentielles haut de gamme.

Lauren glousse :

– Un diffuseur d'huiles essentielles haut de gamme ?! Comme celui que Gary a dans sa voiture ?

Sapin de Noël et Pain d'Épices ? Mais à quel moment t'es-tu retrouvée si près de lui pour savoir ce qu'il sent ?

Comment lui expliquer cela ?

– J'étais planquée sous sa veste avec Bradley Sanderson, et il est venu nous déranger.

Lauren est vexée comme un pou. Elle siffle :

– Je pense que ta prochaine vidéo devrait parler de toutes ces choses énormissimes qui t'arrivent et dont tu ne pipes mot à ta meilleure amie.

Je consacre les cinq minutes suivantes à rassurer Lauren sur le fait que je ne faisais qu'assister à un cours magistral de vlogging sous couverture, ce qui, au passage, était son idée. Quand elle est enfin convaincue qu'elle sera la première au courant si je devais embrasser qui que ce soit, elle s'écrie :

– Maintenant dis-moi ce que tu as découvert à propos de Danny !

Il y a un grand silence dans la classe. Erin Breeler et Miranda se tournent vers nous et nous regardent. Après nous être fait rappeler à l'ordre par Mme Foss, nous nous replongeons dans *Roméo et Juliette*.

Je dois admettre que je ne sais pas grand-chose de plus qu'elle à propos de Danny, mais je lui explique que c'est lui qui a eu l'idée d'intituler le vlog #help.

Lauren grommelle :

– Tu as vu sa photo sur Instagram ? Enfin, celle de son dos, plutôt.

Je cache mon téléphone dans ma trousse afin de chercher la photo en toute discrétion. C'est sur l'Instagram de Leanne Pilton, qu'elle consacre habituellement à son chien. Elle a réussi à poster une photo du dos de Monsieur Beau Gosse. Il a la stature de Big Ben et des fesses fantastiques, même dans le pantalon de l'uniforme de l'école.

– Tu penses que c'est une bonne idée de mater la photo de son cul ? dis-je à Lauren. Franchement, je ne suis pas à l'aise avec ça. En tant que féministes, on n'est pas censées cautionner les gars qui font ça aux filles, alors...

On détourne les yeux. Ce n'est pas simple, mais comme dit maman, quand on a des principes, il faut s'y tenir, même si c'est dur. Je conserve honteusement l'image dans un coin de ma tête.

Je sais que Lauren y pense aussi. Elle se lance dans une analyse du dernier post de Mr Style Shame, mais au milieu de ses considérations sur ce que le monde entier nomme désormais « le fléau des imprimés à tête de bouledogue », elle change de sujet.

– Tu devrais parler de votre conversation sur Instagram, et préciser que tu l'apprécies, Millie. C'est du journalisme, rien de plus ! C'est le genre de grosse info que tout le monde veut connaître. Ou alors, tu te contentes de commenter la photo de Leanne avec un truc du genre : « Le Canada est un endroit formidable avec plein de gens géniaux » et tu mets des smileys clin d'œil et des cœurs. On comprendra le sous-entendu !

Il me plaît beaucoup, c'est certain. Encore plus après l'affaire de la veste. Ce n'est pas seulement physique, c'est tout ce qu'il dégage. Qu'est-ce qui m'empêche de dire aux gens que nous nous sommes croisés et qu'il s'est montré charmant ?! Je vais suivre le conseil de Lauren. Je ne vais pas passer mon temps à me préoccuper de ce que pensent les autres, de ce qu'Erin pourrait en faire, ou même de la réaction de Danny. C'est ce que font les femmes qui ont du caractère. C'est une attitude réfléchie, je suis quelqu'un de réfléchi. Et c'est tout à fait « réfléchi » d'aimer le Canada et de le partager. C'est tout réfléchi.

#doubleface

Quand je consulte mon téléphone entre deux leçons, je constate qu'une certaine Annabelle D'Sa du haut-commissariat du Canada à Londres a liké mon post. Je suppose que ce n'est pas vraiment un problème si tous les Canadiens du monde pensent que j'aime leur pays.

Lauren acquiesce :

– Ce sont sûrement des gens adorables. La feuille sur leur drapeau a l'air vraiment avenante et sympathique.

Comment une feuille peut-elle avoir l'air sympathique ?

Lauren fait une recherche internet :

– Regarde ! On dirait qu'elle se dandine et murmure des choses du genre : « Viens faire un tour dans mon arbre sexy. »

– Le vrai problème, Lauren, c'est que tu as été bercée trop près d'un arbre.

On éclate de rire.

– Non mais sérieusement, Mills, on ne devrait pas se laisser distraire, on a un vlog à tenir. Voyons comment les choses évoluent pour la vidéo de Raymond. Peut-être que quelqu'un aura une idée pour #help.

Lauren dégaine son téléphone. Rien n'a bougé depuis la dernière fois. Pas de likes supplémentaires, ni la moindre vue. J'avoue que je l'ai mauvaise. Quelle que soit l'importance que revêt #help à nos yeux, ce ne sera sûrement pas un succès. Mais comment font les gens pour être populaires ?! Comment peut-on lutter face à toutes les célébrités, aux gens qui sautent dans des piscines d'eau glacée, à ceux qui font des expériences à base de slime ou de ballons d'eau géants ? Et comment lutter contre toutes les Erin Breeler qui peuplent la toile ?

Je suis découragée. Lauren tente de me booster :

– Tu sais ce que tu dois faire ? Quand tu verras Bradley Sanderson, samedi, tire-lui les vers du nez. Il doit t'expliquer comment il fait pour obtenir autant de likes avec ses vidéos relou d'escaliers mécaniques. À partir de là, on pourra commencer à vloguer sérieusement.

– Je tenterai le coup, mais, après notre entrevue sous les manteaux, je ne pense pas qu'il me dira grand-chose de plus. Il essaye d'être gentil, c'est tout. La seule chose qui l'intéresse ce sont ses ascenseurs. Je dois avouer que j'ai une certaine admiration pour lui.

En tout cas, je dois me faire violence et demander plus de conseils.

– Mais ouais... tu devrais... demander... ou parler, ou... enfin ce que tu penses être le mieux, Mills, dit Lauren distraitement. Désolée ! (Elle a l'air embarrassée.) Je suis encore en train de regarder la photo de l'arrière-train canadien.

Ça ne me met pas très à l'aise. Je ne pourrais pas supporter qu'on me fasse ça. Mais je jette néanmoins un petit coup d'œil. C'est un cliché fabuleux, une magnifique vue de dos. Depuis que je l'ai commentée, il y a eu des tonnes de likes et de commentaires, parmi lesquels...

– Lauren ! Regarde les commentaires !

On est en retard pour le cours d'histoire maintenant... Mais je suis folle de rage. On le lit ensemble.

J'espère que @LeanneP a demandé la permission à @DannyTruds avant de poster ce truc #craignos

C'est Erin. Elle a aussi répondu à mon commentaire sur le Canada avec l'émoji du petit singe embarrassé. Il faut croire que mon intérêt pour Danny ne passe pas inaperçu.

Lauren pointe le téléphone du doigt et se met à parler au ralenti :

– Comment peut-on être si hypocrite et faux jeton ? Après le coup qu'elle t'a fait avec le vélo d'appartement ! Elle est sacrément forte, cette peste.

Je sais ce qui pousse Erin à jouer les Mère-la-Morale des réseaux sociaux. De façon non officielle, les beaux gosses lui reviennent de droit, jusqu'à ce qu'elle en décide autrement. Et elle doit être la première à connaître les ragots, c'est comme ça et pas autrement. Au moins, nous sommes prévenues...

J'explique tout ceci à Lauren, et elle est très impressionnée.

– Tu es une vraie psychologue, Millie. Tu mérites de faire un vlog de qualité, qui ne te fasse pas passer pour une gamine de sept ans qui a piqué le téléphone de sa maman pendant qu'elle étale le linge.

Je lance à Lauren un regard assassin.

– Non, mais c'est un compliment, en quelque sorte, dit-elle.

#fémínismedepacotille

Je ne suis ni sage ni courageuse. Mais Danny me plaît, et je ne dois pas laisser Erin saboter mes tentatives de rapprochement. Plutôt que de rédiger des messages à propos du Canada, je ferais mieux de lui demander son numéro de téléphone.

C'est pitoyable... J'essaye de changer ma manière d'être, uniquement pour qu'elle m'ignore un peu. Ce n'est pas de la sagesse, c'est de la bêtise.

Alors que je réfléchis à tout ça pendant le cours d'histoire, je loupe plusieurs points cruciaux de la Première Guerre mondiale. Je me sens affreusement coupable parce que c'était un évènement terrible et que je ne lui accorde pas la moindre attention.

La sonnerie vient me libérer de mes angoisses. Lauren se précipite vers moi en brandissant son téléphone d'un air furibard.

– Regarde-moi ça ! Mais comment ose-t-elle ?!

Voyons voir... C'est un cliché d'Erin en compagnie de Danny, une vue aérienne stupéfiante et déjà agrémentée de trente-deux likes. Manifestement elle a utilisé sa perche à selfie et l'intégralité de son forfait téléphonique pour produire ce rétro-éclairage. Et elle a choisi un filtre qui les rend tous les deux encore plus beaux.

Et ceci, en guise de légende :

Bienvenue à @DannyTruds de l'Ontario #petitnouveau. Merci Danny de m'avoir laissée poster ce selfie trop mimi ! Et vous autres, sachez que mon nouveau BBF (Best Boy Friend, si vous n'aviez pas compris) est une pépite ;) N'oubliez pas les filles, les #hommesforts aiment les #femmesfortes et n'hésitez pas à avoir des amis garçons #féminisme

– Je n'arrive pas à le croire, poursuit Lauren. Féministe, elle ? Personne n'a jamais été aussi odieux avec toi et moi qu'Erin Breeler. Si être féministe consiste à être sympa envers les autres femmes, clairement elle n'est pas féministe.

Je ne pense pas que le féminisme se résume à cela. À mon avis, ça relève plus de l'égalité des sexes : les femmes doivent être traitées comme les hommes et avoir les mêmes opportunités. Et aussi, ne pas être jugées sur leur apparence.

Lauren voit les choses différemment :

– Moi, je trouve qu'être féministe, c'est être bienveillant envers les femmes. Et s'il s'agit juste de ne pas être jugées sur notre apparence, alors il faut que j'arrête de suivre toutes les nanas hyper stylées d'Instagram !

Lauren n'a pas tort sur ce coup-là, mais Erin nous a bel et bien laminées. Elle a réussi à s'accaparer Monsieur Beau Gosse, tout en passant pour la fille cool et indépendante qui ne s'abaisse pas à regarder des photos de postérieurs masculins en douce, et, qui plus est, donne des conseils de vie hyper chiadés.

– Le point positif dans tout ça, c'est qu'on peut se rincer l'œil sans problème, maintenant. Cette photo de Danny Trudeau ! Il me fait penser à ces aventuriers

« tout-terrain », le genre de mec à ne jamais te laisser tomber ! On ne fait pas le poids, Millie.

Lauren a raison, mais ça m'énerve.

– Et pourquoi ça ? On est mignonnes, drôles et intelligentes, des filles de notre époque. Il serait chanceux de sortir avec l'une de nous deux.

Je n'en suis pas complètement persuadée, mais comme dit tata Teresa : « Si tu y crois dur comme fer, ça peut le faire. »

Lauren lève les yeux au ciel.

– Oui, Millie. Tu finiras même par l'épouser, c'est sûr.

Tout est la faute d'Erin. Elle pousse Lauren au sarcasme et me fait passer de l'effroi à la honte en un rien de temps.

Lauren n'a pas besoin d'en rajouter. On sait tous avec qui il finira par sortir. Erin a beau prétendre qu'ils sont juste amis, je vois clair dans son jeu. Elle ne va plus le quitter d'une semelle. On aura bientôt droit à la photo de leur premier café, celle de leur première sortie cinéma, puis leur premier cliché romantique pris sous un arbre aux branches spectaculaires. C'est la vie. C'est comme ça que ça marche.

Ils vont nous abreuver de leur histoire d'amour soporifique enrobée de filtres Valencia ou HeFe. Et bien sûr je ne résisterai pas, je regarderai. Même s'il vaut mieux que je m'abstienne, ce sera plus fort que moi.

Et oui je suis jalouse. Et c'est tout à fait normal et sensé d'être jalouse et énervée contre ces horribles filles qui s'accaparent les charmants garçons. Même le Premier ministre serait d'accord avec ça.

#démasquée

Quand je rentre de l'école, maman et Gary m'attendent tous les deux dans le salon. Je prends maman dans mes bras. Elle fronce les sourcils.

– Bonjour Millie. La prochaine fois que tu passes à la maison, assure-toi que j'y sois. Ça me fera plaisir de discuter avec toi.

Grillée.

– Comment sais-tu que j'étais là ?

– Gary l'a senti. (Maman a l'air très contrariée, et Gary carrément bouleversé.) Il a eu la sensation que quelque chose n'était pas à sa place. De plus, en partant tu as enfermé par mégarde le robot aspirateur dans ta chambre. Ça l'a rendu fou, comme un chien pris au piège. Gary était très inquiet.

Gary ajoute gravement :

– Son petit moteur a légèrement chauffé mais il s'est reposé et tout va bien, maintenant.

Je devrais probablement me sentir soulagée en entendant cela. Mais la vérité, c'est que Mc Whirter est une des rares choses au monde dont je ne me soucie pas.

Trahie par Mc Whirter. Lauren n'est pas si parano finalement, elle avait raison. Cet aspirateur nous espionnait en douce. Maman a l'air blessée elle aussi. Elle poursuit :

– Pourquoi es-tu venue alors que nous n'étions pas là ? Voyons, Millie, je sais que tu n'aurais pas fait de bêtises, mais tout de même... nos rapports se seraient-ils dégradés au point que tu ne veuilles plus me voir ? Qu'as-tu à me cacher ?

Que répondre à cela ? Si je lui parlais de mon vlog, elle en ferait une maladie et ne chercherait même pas à comprendre.

– Oh, tu sais, maman, je voulais juste récupérer ma grenouillère... Il fait vraiment froid ici.

– Je sais ! coupe-t-elle. Tu peux rentrer à la maison, tu sais. Ton père est quelqu'un de bien, mais son mode de vie diffère beaucoup de ce à quoi tu es habituée. Tu as toujours fait de bons choix, Millie. Et la vie est une succession de choix. Tu dois donc continuer à faire des choix sensés et raisonn...

Maman est coupée au milieu de sa phrase par un klaxon de voiture tonitruant. Nous nous approchons de la porte d'entrée. Une vieille camionnette de glacier toute cabossée se gare dans l'allée. Teresa passe la tête par la vitre côté conducteur et s'écrie :

– Salut la compagnie ! Qui veut un cône ? Ce n'est pas l'idée du siècle, franchement ? Je dois juste faire réparer le congélateur, régler un peu le moteur et installer le truc qui diffuse la petite musique, mais ça, à la limite, je n'en ai pas vraiment besoin. Il me suffit de crier « Crèmes glacées ! » par la fenêtre et le tour est joué. Bon, pour le moment elle ne dépasse pas les 8 kilomètres à l'heure, mais il n'est pas utile de se presser quand on est vendeuse de glaces ambulante. Je suis sûre que les gens ne m'en voudront pas si je les fais attendre un peu. Tout le monde aime les glaces. En plus, c'est un moyen génial pour rencontrer des mecs !

Teresa prend enfin conscience de la présence de maman et Gary.

– Oh salut ! Comment ça va ? Vous pourriez me parrainer ! Sincèrement, c'est l'occasion de faire une affaire en or, une entreprise familiale qui passerait de génération en génération !

Maman ne calcule pas Teresa. Elle me regarde dans le blanc des yeux et déclare d'un ton sévère :

– Fais les bons choix, Millie, je compte sur toi.

Maman n'a jamais besoin de chercher bien loin des arguments pour étayer son point de vue. Parfois même, ils tombent du ciel, comme cette vieille camionnette de marchand de glaces...

Elle poursuit :

– Bref... quoi qu'il en soit, tu es toujours la bienvenue à la maison. Et surtout, Millie... tu peux tout me dire. Tu le sais, c'est comme ça qu'on a toujours fonctionné toutes les deux. L'honnêteté avant tout. Tu as toujours pris les bonnes décisions jusqu'à présent. Tu dois continuer comme ça.

Gary se met à éternuer violemment.

– On y va ? Cet endroit est terrible pour mes allergies. Oui Rachel, j'ai pris quelques gouttes de mon spray nasal mais manifestement, ça ne fait pas de miracles.

Maman étreint Teresa et lui glisse :

– Quand tu auras un peu plus avancé sur ton projet, passe-moi un coup de fil.

Bien qu'elle sache que ce projet ne verra jamais le jour, maman tient à être gentille. Elle est même super. Tellement super que c'en est agaçant... Et elle est intelligente aussi. Le seul problème, c'est qu'elle vit avec un homme dont j'ai malmené l'aspirateur. Il ne me le pardonnera jamais et en référera sûrement à la Société Royale pour la Prévention de la Cruauté envers les Aspirateurs.

Elle me fait un câlin que j'aimerais prolonger indéfiniment. Mais toutes les bonnes choses ont une fin, et elle retourne chez elle. Chez moi. Chez Gary. Et chez Mc Whirter. Peu importe. J'ai juste envie d'aller me fourrer sous la couette avec un paquet de biscuits.

J'abandonne papa et Teresa à leur projet de camion-glacier et monte m'allonger sur mon lit. Erin a récolté plus de cinq cents likes pour sa photo parfaite, sur laquelle Danny est tout aussi parfait. Les commentaires sont du genre dithyrambique :

Magnifique !

J'aime trop ton état d'esprit ☺

Une vraie #guerrière #féministe

Pardon ? Sérieusement ?! Ces personnes ne connaissent pas vraiment Erin. Ils voient ses photos et pensent qu'elle est aussi belle à l'intérieur qu'à l'extérieur, mais elle...

J'avoue, je suis jalouse. En fait j'ai beaucoup à apprendre d'Erin. Elle prend son activité sur la toile très au sérieux. Elle la prépare minutieusement, étudie les filtres, fait le tri parmi une centaine de photos à chaque fois et poste en légende des trucs que les gens aiment. Et elle sait pertinemment ce que les gens aiment. Je suis incapable de faire tout ça, je ne possède pas son cerveau de génie malfaisant. Mais je peux m'en inspirer pour cibler précisément tout ce que je dois améliorer.

Voilà ce que je dois faire.

J'envoie un message à Lauren :

Lauren. Si on fait ce vlog, il faut qu'on le fasse bien.

Elle me répond :

Apprends auprès de Bradley, Millie. C'est un génie de la chose.

Elle a raison. L'Empereur des Escalator sera la clé de mon succès.

#frissons

On est samedi matin et je me sens très nerveuse, comme si j'avais un rencard. C'est trop bizarre, j'avais les mêmes sensations quand je sortais avec Dylan Anthony. J'avais peur de ne pas savoir embrasser ou de sentir l'ail. Pourtant il ne s'agit pas de ça, avec Bradley. Il est chouette et je l'aime bien, mais comme un ami, rien de plus. Quant à Danny... je n'ai aucune chance. Il faut que j'imprime ça dans mon cerveau.

Cher cerveau, ce n'est pas parce que je n'ai aucune chance de sortir avec Danny que je vais rouler des pelles à Bradley Sanderson. On va juste parler d'Escalator et de méthodes de vlogging. Reprends-toi. Il a une copine. Arrête de t'emballer et...

– Où vas-tu comme ça ? Et pourquoi tu parles toute seule ?

Grand-père me coince devant la porte. Ses ongles sont maculés de boue.

– Je vais voir Bradley, un nouvel ami.

Je lui ai dit la vérité bien que j'imagine déjà sa réaction. Je n'aurais peut-être pas dû.

– Oh !

Et voilà. Il commence à me taquiner. Il me fait un clin d'œil et sautille sur place. Ou plutôt il effectue une poussée de ses talons, il ne peut pas plus.

– Qui est ce jeune homme ? C'est ton petit ami ?

Pourquoi faut-il qu'une conversation prenne cette direction à chaque fois qu'on évoque un individu de sexe masculin avec des membres de notre famille ?

– C'est juste un ami !

– Oui, c'est cela, répond-il sans se départir de son agaçant petit sourire en coin.

– Tu sais qu'on peut être amie avec un garçon, grand-père ? Juste amis. Pour se voir et bavarder, sans que ça se solde par un mariage !

Je l'ai vexé. Et dans le fond je n'en mène pas large... Je suis obligée de demander à un garçon de m'apprendre quelque chose. Je n'en parle pas à grand-père car il est persuadé que les hommes sont des professeurs-nés. Il appelle son docteur « infirmière » alors qu'elle est médecin et lui explique quels sont ses problèmes de santé sans lui laisser en placer une.

Mais j'habite chez lui et il me laisse utiliser son abri de jardin... alors je souris et je m'en vais. Ce n'est pas comme ça qu'on fait avancer la cause des femmes, mais c'est une attitude raisonnable.

Raisonnable. Encore ce mot. Désolée, c'est plus fort que moi.

Argh ! Mais pourquoi suis-je aussi nerveuse ?

#ascenseurmonamour

Quand je retrouve Bradley Sanderson au centre commercial, il est déjà dans un ascenseur à pointer son téléphone vers le tableau de commande. On est samedi, c'est l'heure de la pause déjeuner et le centre est plein à craquer. Une maman essaye d'entrer avec sa poussette dans l'ascenseur mais Bradley ne la remarque même pas. Il est complètement dans son monde.

Il finit par s'apercevoir de ma présence et déclare :

– La première chose dont tu auras besoin pour te lancer dans un vlog à succès, Millie, c'est de concentration. Concentration. Tu dois faire abstraction des gens autour de toi. Ils n'ont aucun rapport avec ton objectif.

– C'est bien beau tout ça, mais Oliver et moi devons aller chez le fleuriste, au premier étage, s'exclame la dame à la poussette.

Bradley la regarde de travers, appuie sur un bouton et s'esquive juste avant que les portes se referment.

– Les gens prennent l'ascenseur mais ne comprennent rien à la beauté de ces appareils, comment toute cette belle mécanique a été pensée. Ils ne l'utilisent que pour monter ou descendre, et ça m'énerve. Bref, passons à toi. J'ai réfléchi à ton vlog. On va prendre un café ?

C'est mignon. Bradley a pensé à moi et il a des choses à me dire. J'ai l'impression qu'il ne s'intéresse pas tellement aux gens en général, alors je me sens un peu... flattée.

– Planification, c'est le maître-mot, Millie Porter ! s'exclame Bradley une fois nos commandes passées : un chai latte pour moi et un thé vert pour lui. J'insiste pour payer. Nous sommes au XXIe siècle et ce n'est PAS un rencard.

– Tu veux apporter quelque chose de neuf à ton public, quelque chose dont il a besoin ou dont il n'a encore jamais entendu parler. Quelque chose de différent. Ne crois pas que tu sois la seule à galérer. Au début, j'avais honte d'aimer les ascenseurs, et puis je me suis rendu compte que le monde entier regorge de fans d'ascenseurs comme moi. Et si ça ne fait de mal à personne, alors ça va. Quel genre de conseils comptes-tu donner, exactement ?

– J'ai envie d'aider les gens. J'aimerais utiliser mon cerveau si désespérément raisonnable à quelque chose d'utile pour une fois, mais sans que ce soit rasoir. Voilà ce que je veux. Aider les gens qui se sentent mal. J'ai traversé des moments difficiles à cause du nouveau copain de ma mère, et ma meilleure amie a plein de problèmes avec ses parents.

Je me sens stupide avec mes histoires, surtout face à ce nerd de seconde, mais c'est la vérité.

Bradley se met à parler plus doucement, comme s'il commençait à se sentir un peu concerné.

– Il faut que tu réfléchisses à ce que tu vas dire. Tu dois trouver ce qui te rendra différente des autres. Ce qui te fera sortir du lot.

– Et par rapport à l'aspect global du vlog ?

Il me regarde par-dessus ses lunettes.

– Il faut du croustillant ! Du sensationnel ! Bon en fait, ça n'a pas tellement d'importance.

– Pour les filles, c'est important.

Je me sens misérable de tenir de tels propos, mais j'ai la terrible impression qu'il y a une part de vérité là-dedans.

– Ça je ne sais pas. Il n'y a pas beaucoup de femmes qui s'intéressent aux ascenseurs.

– Elle est sexiste ta remarque, Bradley !

– Non, Millie. C'est un fait. En plus tu viens toi-même de reconnaître que les filles ne s'intéressent qu'à l'apparence ! Si ça ce n'est pas sexiste...

Un ange passe. Je tripote mon sachet de sucre.

Puis Bradley déclare très simplement :

– Je trouve que #help est une bonne idée. Je ne suis pas très fan du nom, ça sonne un peu... Amérique du Nord. Mais je pense que tu peux trouver ton public si tu gardes les pieds sur terre. Pour être honnête avec toi, j'aime bien regarder ce genre de vlogs de temps en temps.

Je suis surprise que Bradley l'admette si facilement.

– Je n'aurais jamais cru que tu aurais besoin de ce genre de choses.

C'est un mensonge, mais parfois ça a du bon de mentir.

Bradley sait pertinemment que je fais en sorte de me montrer gentille.

– Ce n'est pas toujours facile d'être Bradley Sanderson. J'ai beau avoir des milliers d'abonnés et ma propre chaîne YouTube, ça ne t'aura pas échappé que je ne me sens pas à ma place au lycée.

Je ne sais pas quoi répondre. C'est une réalité, je ne peux pas prétendre le contraire.

Je bafouille un « Mmmh, certes... »

– C'est comme pour mes vidéos. Je coupe au montage tous les gens qui me traitent de mec chelou, de geek ou de dingo des ascenseurs, ainsi que les passages où on me fiche dehors.

Bradley a l'air triste, tout à coup. Je me sens coupable en pensant à toutes les fois où Lauren et moi nous sommes moquées de lui.

Je ne sais pas trop quoi ajouter, mais il me sauve la mise en évoquant de nouveau mon vlog.

– C'est une bonne idée, ton vlog. C'est indispensable de pouvoir poser des questions à une personne de son âge et d'obtenir des réponses adaptées, plutôt qu'un cours magistral sur ce qu'on doit faire ou ne pas faire. Il faut que ça reste anonyme, bien sûr. Personne n'a envie qu'on vienne lui parler de ses problèmes personnels, gentiment ou méchamment, peu importe.

Il me gratifie d'un petit sourire entendu.

Méchamment, c'est quand les gens te traitent de boudin, ou de taré, ou carrément de monstre. Pour être franche avec vous, je doute fortement que les gens parlent de Bradley, et s'ils le font je ne pense pas que ce soit en termes élogieux. Ce qui est triste d'ailleurs, car quand on passe un peu de temps avec lui, on découvre qu'il est... plutôt gentil. Je redoute de lui poser la question suivante, mais je n'ai pas le choix.

– Est-ce que tu as regardé la vidéo de chat que j'ai faite avec Lauren ?

– Ouais, fait-il d'un air crispé.

– Tu en as pensé quoi ?

– C'était marrant, ponctue-t-il, le visage toujours contracté.

– Et... ?

– OK, Millie, je vais être franc avec toi. (Il se détend un peu.) C'était marrant... et c'est tout. Ça m'a fait rire, mais c'est du déjà-vu. Les chats étaient à la mode il y a trois ans. Et quoi qu'il en soit, ce genre de contenu, ce n'est pas la vraie vie. Ce n'est rien de plus qu'une parfaite mise en scène. La plupart du temps, les chats sont ennuyeux, mais si on s'en tient à ce qu'on voit sur le net, on pourrait penser que tout le monde abrite chez lui le parfait spécimen de vilain matou, grincheux et acrobate à ses heures. Tu savais que certains vlogueurs et instagrammeurs très populaires jettent l'éponge parce qu'ils en ont marre de tout ce cirque, que tout leur semble artificiel ? On passe des journées entières à ajuster son vlog. Toute notre existence tourne autour du web. Alors la vraie vie et les meilleurs ascenseurs te passent sous le nez. Une fois j'ai même snobé un modèle rare de chez Paternoster parce que j'étais persuadé que ça n'intéresserait personne sur mon vlog. Aujourd'hui je le regrette.

Je n'ai jamais entendu parler de Paternoster mais je vois à peu près ce qu'il veut dire, et ça sonne un peu comme une révélation. Je n'y avais jamais réfléchi de cette façon.

– Tu sais quoi, Bradley ? Je veux être authentique. Je vais m'amuser, mais tout en restant authentique. Parler de vraies choses. Parler des choses telles qu'elles sont réellement. Dire la vérité, avoir l'air naturelle. Et je vais aussi me calmer sur le maquillage. Le seul problème, c'est que si je me montre complètement sincère et nature, on va me troller jusqu'à l'os.

Bradley se met à rire doucement.

– Millie, quoi qu'il en soit, tu te feras troller. Je ne peux pas te garantir le contraire. Mais fonce. De toute façon, il y aura toujours des gens pour te critiquer. Tu crois que c'est évident d'aimer les ascenseurs ? D'être un fana d'Escalator doublé d'un cosplayeur ? Je fais partie d'une minorité dont il est très facile de se moquer, mais je m'en fous. Bon, je dois y aller maintenant, il faut que je voie si je peux filmer le fonctionnement interne. C'était très... sympa de parler avec toi. Maintenant à toi de jouer, et reste toi-même.

Et, là-dessus, il s'éclipse rapidement par les escaliers qu'empruntent les gens qui ont peur des ascenseurs.

Je reste plantée là, avec la sensation d'avoir partagé un moment avec l'une des personnes les plus sages, adorables et bizarres de la planète. Il ne devrait pas se cacher sous des manteaux. Il devrait diffuser son savoir à tout-va et pas seulement à propos des Escalator. Et puis, il m'a dit des choses très gentilles et je me sens toute chamboulée.

Il faut que je retrouve Lauren avant d'oublier tous les précieux conseils qu'il m'a donnés. Je pense qu'on est mûres pour se lancer dans #help.

#coiffurededictateur

Dans le bus qui me conduit chez Lauren, je n'arrête pas de penser à Bradley.

Quand elle m'ouvre la porte, ma meilleure amie a l'air songeuse.

– Je suis en train de lire un truc que quelqu'un a partagé. Un gars voudrait se faire la même coupe de cheveux que Joseph Staline quand il était jeune, mais il n'ose pas montrer de photo de Staline au coiffeur.

J'ai l'habitude, je sais que Lauren est un peu fêlée par moments, mais sur ce coup-là elle m'inquiète un peu...

– Et donc ?

Elle me regarde fixement.

– Mais c'est quoi le problème avec Staline, franchement ?

Par où commencer ? Je consacre les cinq minutes qui suivent à lui expliquer que Staline exterminait tous ceux qui n'étaient pas d'accord avec lui, que des millions de personnes mouraient de faim quand il était aux commandes de son pays, et que d'une manière générale, c'était un type horrible avec une affreuse moustache.

Lauren m'écoute attentivement, puis elle brandit son téléphone et me montre une photo.

– Mais avoue qu'il était canon quand il était jeune... Regarde ! Il aurait eu sa place dans un boys band !

Certes, Staline était plutôt pas mal quand il était jeune, mais ça me fait penser à ma conversation avec Bradley : jusqu'où est-on prêt à tolérer les agissements des gens parce qu'ils ont un physique avantageux et qu'ils prennent de belles photos ? Comme dirait maman, c'est le genre de sujet qui me donne envie de monter au créneau.

Lauren me tire de mes pensées.

– Bref. Qu'est-ce qu'il raconte, l'allumé des Escalator ?

– Ne l'appelle pas comme ça !

Je suis surprise de ma propre réaction. Voilà que Bradley titille ma fibre protectrice, maintenant.

Lauren me regarde, circonspecte.

– Millie, je serais vraiment étonnée si Bradley Sanderson n'avait pas des vues sur toi ! À ton avis, tu penses vraiment qu'il a beaucoup de faux rencards comme celui-là ?

Je la coupe :

– Lauren ! Ce n'était pas un rencard, et il n'a pas des vues sur moi. On est juste amis. Il a une copine, d'ailleurs. Il a quand même le droit de m'aider ! Et on peut aussi passer de bons moments ensemble...

Son téléphone lui glisse des mains et elle s'écrie :

– Mais c'est toi qui le kiffes, en fait !

– Non ! (Et ce n'est vraiment pas le cas.) Mais il maîtrise son sujet, Lolo. Il prétend qu'il est essentiel de tout planifier. Et il pense qu'on devrait être sincères dans nos vidéos et parler de choses qui touchent vraiment les gens. Et je pense aussi...

(j'essaye de placer ça très, très vite) que je devrais éviter de trop me maquiller...

Lauren me regarde comme si j'étais folle.

– Tout le monde se maquille dans les vlogs et dans la vie, Millie. C'est une des choses les plus agréables au monde.

Elle est devenue toute pâle. Ça se voit malgré son fond de teint.

– Lauren, je ne pense pas que l'absence de maquillage soit une mauvaise idée. C'est même un des sujets dont je veux parler : les réticences qu'on peut avoir à s'afficher sur le net à cause de son apparence. Je ne citerai pas ton nom ! Je parlerai de confiance en soi et de la façon dont on doit réagir quand on se fait insulter. Et, si je ne me maquille pas, mon discours sera plus crédible.

Lauren est de plus en plus blanche. Et son fond de teint ne peut rien contre ça. Elle passe son bras autour de moi.

– Millie, je m'inquiète pour toi. Ça n'est rien de plus qu'un appel du pied à tous les trolls de la terre. Un peu comme si on allait au-devant de Mr Style

Shame avec un écriteau : « Viens dans ma chambre et traite-moi de boloss. »

Je me rappelle ce que Bradley pense à propos du fait qu'on se fait toujours troller, quoi qu'on fasse.

– J'arriverai à gérer ça.

On entend un bruit bizarre qui vient d'en dessous. Un peu comme un orage.

En voyant ma mine inquiète, Lauren me rassure :

– Ce n'est rien, Mills. Quand mon père est très fâché contre ma mère, il exécute des solos de batterie à base de fourchettes contre le radiateur. Selon leur conseiller conjugal, ce serait un moyen efficace d'apaiser les tensions.

J'entends le père de Lauren qui s'écrie :

– Si je suis encore ici, c'est uniquement pour elle !

Lauren soupire.

– Et ça aussi, il le répète souvent.

Je ne sais pas quoi dire. Tout ce qui me vient à l'esprit me semble inutile.

Lauren doit le sentir parce qu'elle me prend dans ses bras et chuchote :

– Allons dans l'abri de jardin demain et lançons-nous. Je serai à tes côtés à chaque étape, du moment que je reste hors champ avec mes sourcils épilés et mon rouge à lèvres.

– Je t'aime, Lauren, tu es géniale. Mais par pitié n'épouse jamais un dictateur russe !

Par moments je ne suis bonne qu'à sortir des blagues pourries. Ça la fait sourire. Ses parents ne remarquent même pas que je m'en vais. Son père fait mumuse avec les ustensiles de cuisine et sa mère a monté le son de la télé si fort que même grand-père pourrait l'entendre.

#help arrive. Lauren est prête. Je suis prête. Enfin, je pense.

Je pense l'être. Mais vais-je y arriver ? Vais-je supporter les commentaires des gens ?

J'espère pouvoir faire abstraction de tout ça.

Quand je rentre chez grand-père, je commence à réfléchir à ce que je vais raconter. Je rédige quelques notes. Il faut que j'aie bien en tête ce dont je veux parler et dans quelle direction je souhaite amener les choses. Je dois rester fixée sur mon objectif, et toujours chercher à m'élever... comme dans un ascenseur.

Non. Ça suffit avec ça ! Je ne craque PAS pour Bradley. Par contre j'aime quand les gens sont fiers de ce qu'ils sont et s'accrochent à ce qui compte pour eux. Alors hourra pour les Escalator !

#premiervlog

Lauren et moi sommes dans le Temple du Vlog. On est dimanche matin et grand-père a enlevé son calendrier du mur. C'est un petit geste de sa part mais c'est touchant et plein d'amour. Et maintenant, on ne risque plus d'être associées aux oiseaux des marais.

Lauren écarte une bêche de son passage et se tourne vers moi.

– Tu es prête, Mills ?

Oui. Je me suis entraînée toute la nuit devant ma glace. Je crois que j'ai chopé le truc. Je sais comment je vais amener mon conseil du jour. J'ai pioché deux ou trois astuces dans des magazines, mais, même sans ça, je devrais pouvoir m'en tirer.

Lauren lance le décompte comme un vrai réalisateur :

– Trois. Deux. Un. Action !

Salut. Je suis Millie et je vous souhaite la bienvenue sur le tout premier vlog #help ! Comme vous pouvez le constater, je ne porte pas de maquillage. Gros plan Lauren s'il te plaît.

Lauren zoome si près de mon visage qu'on peut quasiment voir l'intérieur de mes pores.

La vérité, c'est que je suis morte de peur. Car qui dit « sans maquillage »...

À ce moment précis, on entend une version bizarre et retentissante de « Pirouette Cacahuète ».

« Ne faites pas attention ! C'est ma tata Teresa. Elle s'est acheté un camion-glacier et fait des essais avec le haut-parleur. Elle n'a pas encore de congélateur mais ça ne saurait tarder.

Bon, où en étais-je ? OK, donc je voulais vous expliquer pourquoi je fais cela sans mettre de fond de teint ou de trucs du même genre. J'adore le maquillage, mais il y a tellement de choses plus importantes que l'eyeliner. Pour mon vlog, je tenais à me montrer telle que je suis vraiment, pas livrer une version superficielle de moi-même. Voilà.

Aujourd'hui, dans #help, j'avais envie d'aborder le sujet des parents avec vous, ou comment tenir le coup avec ces cinglés d'adultes qui gravitent autour de moi. On nous raconte que quiconque a atteint l'âge de dix-huit ans devrait savoir ce qu'il fait. Mais ce n'est pas le cas. Comme vous pouvez le constater, ma tata Teresa a acheté un camion pour vendre des glaces. J'aimerais pouvoir vous dire que c'est la première fois qu'elle fait une chose aussi saugrenue, mais ce n'est pas le cas. Et je ne pense pas qu'elle changera. En fait, tant que les adultes qui vous entourent ne vous font pas de mal, vous devez accepter qu'ils ne changeront pas. Surtout s'il s'agit du genre de personnes qui sont persuadées d'avoir inventé la natation synchronisée en pataugeoire à l'âge de quatre ans, vous pouvez être certains qu'à quarante-quatre ans, ils n'auront pas bougé d'un pouce.

Acceptez-les comme ils sont et, si vous le pouvez, n'hésitez pas à les aider. Par exemple, ma tata

Teresa pensait proposer une glace à l'avocat avec son tourbillon de chili parmi ses parfums, et je l'ai subtilement détournée de cette idée pour l'orienter vers un plus classique beurre de cacahuète et coulis caramel. Je l'ai remise sur le droit chemin de la vie et des coulis.

D'une manière générale, il est plus facile de gérer des adultes lambda que ses propres barjos de parents. Quand ils sont un peu cinglés, vos parents en attendent plus de vous, comme s'ils étaient issus d'une espèce différente. Les miens sont des gens charmants, mais ma mère sort avec un homme qui pense que les sentiments de son aspirateur comptent plus que les miens. Donc je vis avec mon père qui est sympa mais pas très présent.

D'une manière générale, avec les parents il est bon de suivre ces quatre préceptes :

1. Dites-leur où vous allez quand vous sortez. Si vous disparaissez sans prévenir, ils seront très contrariés. S'ils ont l'habitude de regarder *Les experts* ou des séries de ce genre, ils s'imaginent que de redoutables tueurs en série sévissent à chaque coin de rue.

2. À l'occasion – et je sais que c'est pénible – parlez-leur de ce que vous avez appris à l'école. Ce n'est pas grand-chose mais ça leur fera plaisir, et ils cesseront de vous poser toutes ces questions sur votre journée. Garanti gagnant-gagnant.
3. Demandez-leur comment ils étaient à l'adolescence. Ça va peut-être leur sembler bizarre, mais vous seriez surpris de constater à quel point ce sont des êtres humains comme vous et moi, qui sont passés par l'épreuve du premier baiser, ou se sont fait plaquer misérablement. N'oubliez-pas que la plupart d'entre eux n'ont pas eu de téléphone portable avant leur vingtaine, alors leurs histoires peuvent être vraiment incroyables. Un jour, ma mère a attendu presque une heure dans un parc parce qu'elle était censée y retrouver une copine. Cette dernière s'était pris une méchante gamelle avec ses rollers dans son jardin et ne pouvait plus se déplacer. Elle n'était pas gravement blessée mais personne n'a pu avertir ma mère. Son amie s'était cogné la tête et maman

n'était au courant de rien. Elle est donc restée assise sur son banc à attendre et à manger des chips. Voilà le genre de choses par lesquelles nos parents sont passés, donc soyez tendres avec eux.

4. OK. Maintenant, je vais vous parler de choses sérieuses. J'ai une amie dont les parents se disputent énormément mais restent ensemble pour elle. On sait tous que c'est une mauvaise idée et qu'il serait préférable pour tout le monde qu'ils en finissent une bonne fois pour toutes… Bref… si vous vivez avec des adultes qui passent leur temps à se hurler dessus, et je sais que c'est dur – c'est peut-être même une des choses les plus difficiles à vivre –, gardez à l'esprit que ce n'est pas votre faute. Je sais, c'est un discours que vous avez déjà entendu à la télé, lu dans des livres et évoqué lors de discussions sérieuses à l'école… mais c'est la vérité. Vos parents peuvent changer. La meilleure chose à faire serait de les prendre à part et de leur dire : « Quand vous vous disputez, je me sens mal, ça me blesse beaucoup. » Si

vous leur avouez ce que vous ressentez, ça peut marcher. Ça peut aussi empirer les choses, mais sincèrement ça vaut le coup d'essayer.

Voilà, c'est tout pour aujourd'hui. C'était Millie pour #help. N'hésitez pas à laisser vos commentaires, et à la prochaine...

J'essaye de former un hashtag avec mes doigts. Pas sûre que ce soit très réussi.

– #help !

Lauren appuie sur stop.

Je l'interroge du regard.

– Qu'est-ce que tu en as pensé ?

Elle tire les manches de son pull sur ses mains.

– Tu ne me tiens pas le même discours à propos de mes parents dans la vie de tous les jours.

C'est vrai, elle a raison.

– Je sais. Mais j'essaye d'être dans une approche plus globale des choses afin d'aider plus de gens. Tu vois où je veux en venir ?

– Mouais, soupire-t-elle d'un air triste, il faut dire qu'ils sont assez uniques en leur genre, mais pas dans le bon sens du terme.

J'essaye de changer de sujet et de lui remonter le moral :

– Qu'est-ce que tu as pensé de la vidéo dans son ensemble ?

Lauren réfléchit longuement.

– Euh... pas mal pour une première, j'imagine. Ce n'était pas trop moralisateur. Tu penses que tu vas la diffuser ?

Elle n'a pas l'air hyper convaincue. Je la regarde dans les yeux.

– Tu sais quoi, Lauren ? Je pense que je vais y réfléchir un peu, je crois que ça serait...

Et en chœur nous concluons :

– ...raisonnable.

#téléchargement

Je suis dans ma chambre depuis des heures. J'ai tout nettoyé au moins quatre fois de suite. Sous le lit, j'ai retrouvé un carton de figurines Mon petit Poney. Je regarde sur eBay combien je pourrais en tirer et constate qu'elles ne valent rien car Teresa a coupé leurs crinières et écrit « Teresa est la meilleure cavalière du monde » sur leurs croupes. Je brosse un peu Raymond et tente de lui mettre un petit nœud sur le haut de la tête, mais elle essaye de le manger.

Je n'arrive toujours pas à décider si je dois ou non diffuser la vidéo.

À vrai dire, je pense que j'ai besoin de conseils concernant mon vlog de conseils.

Je pars à la recherche de grand-père. Il est dans son cabanon. Il a remis son calendrier en place et est en train de scier une planche de bois. Il fait ça souvent, même si on n'a jamais l'occasion de voir ce que devient ce bout de bois au final.

– Grand-père, tu serais capable de faire une chose même si tu sais que les gens vont se moquer de toi ?

Il s'arrête de scier et s'assoit.

– J'ai épousé ta grand-mère.

Je déteste quand il fait ses vieilles blagues machos et ringardes. Tu lui demandes de l'aide et il fait l'imbécile.

– Grand-père ! Je suis sérieuse, là !

– Mais moi aussi, soupire-t-il. Tu es assez grande maintenant donc je vais te raconter quelque chose, mais garde-le pour toi. Ta grand-mère était enceinte de Teresa quand je l'ai rencontrée.

Il faut une ou deux secondes à mon cerveau pour enregistrer cette information. C'est une grosse révélation. Je n'avais jamais rien soupçonné.

– Quoi ? Teresa n'est pas ta fille ?

– Si, répond grand-père fermement, c'est ma fille. Les liens du sang ne sont pas toujours aussi puissants que l'amour. Ta grand-mère était considérée comme une marchandise de seconde main à l'époque. Les gens me déconseillaient de l'épouser. Mais elle était charmante. Elle avait fait une bêtise. Un homme lui avait fait croire qu'il l'aimait et c'était faux. Moi, je l'aimais. Alors je l'ai épousée et pendant trente-cinq ans je n'ai pas passé une seule mauvaise journée ni dû me contenter d'un sandwich au dîner. Fais ce que tu penses être juste, Millie. Tu as du bon sens. Teresa n'en a pas, mais au moins elle écoute son cœur. Et ce n'est pas rien. Si tu penses que ce que tu as à dire vaut la peine d'être entendu, pourquoi te soucier de ce que les autres pensent ? Si ça peut faire du bien ne serait-ce qu'à une personne, partage-le ! Mais Millie... (Grand-père me regarde et me prend la main.) Tu dois quand même faire attention à toi. C'est important. Maintenant, fiche le camp, je dois couper du bois.

Grand-père est peut-être rude mais parfois il a raison.

C'est bon. Je vais le faire.

Je téléphone à Lauren dès que j'ai refermé la porte du cabanon derrière moi.

– Je te soutiens, m'affirme-t-elle. (Et c'est exactement ce que j'ai besoin d'entendre.) Je peux venir ? J'aimerais bien sortir de la maison et, de toute façon, on fait ce vlog ensemble.

Elle débarque avec un pot de pâte à tartiner chocolat-noisettes sous le bras et déclare :

– Fêtons ça dignement avec quelques gressins sucrés !

Et elle m'en fourre un dans la bouche en riant. C'est une super-amie qui non seulement vous aide mais vous offre des douceurs.

Alors qu'on est sur le point de partager la vidéo, j'ai soudainement mal au ventre. Toutes les questions que j'ai ressassées toute la journée me semblent à présent bien réelles. Qu'est-ce que je suis en train de faire ? Qu'est-ce que Danny – ou Bradley – vont en penser ? Et si maman ou Erin tombent dessus ?

C'est ce moment que Raymond choisit pour sauter sur le clavier de mon ordi dans l'espoir de voler un gressin. Et elle appuie sur « envoyer ».

Lauren me regarde.

– C'est parti, Millie. Tu as pris ta décision, c'est lancé. Tu dois mettre tous les bons hashtags : #vrai #vlog #maquillage #féminisme #conseils #vie et tous ceux qui sont à la mode en ce moment, et on va voir ce que ça donne.

Je suis d'accord avec elle, mais j'ajoute qu'on devrait laisser passer vingt-quatre heures avant de prendre connaissance du nombre de vues. Sinon on risque de mal le vivre. Les nouveaux vlogs ont besoin de temps pour trouver leur public. J'ai lu ça dans un article.

Lauren prend son air sérieux.

– C'est le passé, Millie, comme l'époque où Staline était assez beau pour intégrer un boys band. C'est...

À cet instant, tata Teresa fait irruption en s'écriant :

– Tu as lancé ton propre vlog, Mills ?! Grand-père a fait allusion à des vidéos que le monde entier peut voir. C'est génial ! Et si jamais ça marche, tu pourras faire de la pub pour mes glaces !

Lauren me cherche du regard. On n'a pas tellement envie d'avouer à Teresa ce qu'on a raconté sur elle.

– Attendons de voir comment ça va se passer.

Et ce n'est pas la première fois que je tiens ce genre de propos à ma tante.

Elle s'éclipse pour aller travailler sur des parfums de glace plus saugrenus les uns que les autres.

Lauren m'adresse un regard grave.

– Comment tu vas faire pour dormir, ce soir, maintenant que la vidéo est en ligne ?

Mon estomac fait des siennes. Je devrais peut-être confier mon téléphone à Lauren pour être sûre de ne pas passer la nuit à contrôler le nombre de vues... mais, de toute façon, j'irais emprunter l'iPad de papa. Ça va être impossible de ne pas mettre mon nez dedans. Impossible de ne pas surveiller les réactions des gens. Impossible de ne pas...

– Lolo, ça va être impossible.

– Millie ! s'écrie Lauren. Tu n'es pas une célébrité. Rien ne va se produire pendant les prochaines heures. Ne t'inquiète pas. On s'est lancées dans un super-truc. Ne gâche pas tout !

Elle a raison. On inverse les rôles, là, c'est elle qui est raisonnable.

Je rétorque :

– Je parie que tu ne pourras pas t'empêcher de vérifier toi-même !

– On parie combien ? s'esclaffe-t-elle. Et elle désinstalle l'appli de son téléphone et du mien.

– Lauren ! Tu es folle !

Et c'est moi qui ai la sensation d'être folle en ce moment.

– D'accord ! On n'y retourne pas avant demain midi ! #promisjuré ! (Lauren pouffe en crochetant son petit doigt au mien.) C'est notre secret. Je ne peux pas le trahir, sinon quelque chose de terrible pourrait se produire.

C'est peu probable.

Du moins, je l'espère.

J'essaye de me coucher tôt. Raymond marche sur mon front en espérant obtenir un petit snack au thon. Ce n'est pas simple de se relaxer.

Une part de moi-même ne peut s'empêcher de penser que c'est une grosse erreur. C'est peut-être un chemin tout tracé vers le succès, ou alors vers une...

#réactionchimique

J'ai passé la soirée à lire des articles sur des maladies graves. Mais j'ai réussi à ne pas aller regarder le vlog.

Nous sommes lundi matin, je suis assise à côté de Lauren, en cours de sciences. Je regarde Danny Trudeau.

Et je ne suis pas la seule. Il a été envoyé au tableau pour réaliser une expérience. Jamais dans toute l'histoire de l'éducation où que ce soit dans le monde le permanganate de potassium n'a été versé dans un récipient avec une telle perfection. La façon dont il se saisit de la spatule est un pur moment de poésie.

Il jette des coups d'œil furtifs aux instructions inscrites au tableau, et, sans s'y attarder plus que ça, parvient à prélever la juste quantité. Danny Trudeau, le maître de la spatule. S'il s'agissait d'une vidéo YouTube, il y aurait plein d'émojis cœurs dans les commentaires et quelques scientifiques jaloux qui prétendraient pouvoir faire mieux... même si c'est faux.

– Mills, chuchote Lauren. Il va ajouter la glycérine. Dans quelques minutes, ça va s'enflammer. Trudeau va céder sa place à Trudefeu.

Ça nous fait bien marrer. Je ne sais pas à quoi ça tient, mais le simple fait d'observer Danny sur le point de se livrer à une petite explosion chimique me sort la tête de mon vlog. Ça me démange depuis des heures. Ça m'a travaillée toute la nuit, toute la matinée. Je crève d'envie de découvrir le nombre de vues qu'on a eues et quels sont les commentaires. Qui a regardé. Qui n'a pas regardé. Et voilà que Docteur Danny et sa spatule d'amour m'offrent le divertissement parfait.

Après le cours, Lauren et moi emboîtons le pas au scientifique canadien de mes rêves. Je me rends compte que c'est l'occasion idéale d'engager la conversation sur un sujet profond. Je n'ai pas perdu une miette de sa démonstration. J'ai été totalement absorbée. C'est comme si toutes les molécules présentes dans la pièce s'étaient rassemblées pour produire ce moment unique. Comme si...

Comme si Bradley Sanderson surgissait devant moi et me bloquait la vue sur le magnifique corps plein d'atomes en mouvements de Danny.

– Je l'ai vu, annonce-t-il. J'ai vu ton vlog.

J'ai deux problèmes, là : je meurs d'envie de voir Danny, mais je tiens à entendre ce que Bradley a pensé du vlog.

– Qu'est-ce que tu en as pensé ?

J'essaye de garder un œil sur Bradley et l'autre sur Trudeau... Ça ne marche pas, je me mets à loucher.

Bradley me regarde intensément.

– C'est très, très... courageux de ta part.

Il m'inquiète un peu. La façon dont il dit « courageux » ne sonne pas comme le compliment du siècle. Ça me ferait plutôt penser que je me lance dans quelque chose de particulièrement stupide, comme faire du vélo sur une colline escarpée avec une simple chemise en guise de parachute.

En voyant ma mine déconfite, Bradley tente de me rassurer :

– Non mais j'ai trouvé ça honnête et très frais. Je l'ai montré à ma mère et elle a beaucoup aimé.

Lauren me donne un coup de coude et m'adresse un regard complice du genre « Tu vois ? ».

– Trop bien ! Ta mère a aimé ! Mon sarcasme explose en faisant plus de bulles que l'expérience de Danny.

Je me sens bête. Bradley a l'air presque blessé.

Alors, dans un élan d'enthousiasme, je lui demande :

– Comment es-tu tombé dessus ? Tu l'as recherché ?

Bradley regarde par terre, puis de côté, en l'air et un peu partout où ses yeux peuvent se poser.

– Euh... non. C'est cette fille de ta classe qui est tout le temps sur Instagram qui l'a partagé.

J'échange un regard avec Lauren.

Oh non. Ça ne sent pas bon.

Danny s'est arrêté pour parler avec quelqu'un. On le dépasse. Il nous adresse un sourire. Si je n'étais pas aussi inquiète, je pourrais penser qu'il ne sourit qu'à moi. Mais le problème avec mon anxiété, c'est que ça change toute ma vision du monde. Il était peut-être juste content d'avoir fait exploser une mini-bombe avec l'aval des professeurs.

Je voudrais aller me réfugier dans le Coin Zen et consulter tout de suite mon téléphone, mais ce n'est pas possible. Je dois assister pendant une demi-heure au cours de Mme Caldwell sur le langage binaire. J'adore Mme Caldwell et ses lunettes incroyables dont elle peut changer les branches pour varier les couleurs chaque jour de la semaine, mais là je DOIS voir ce qu'Erin a mis.

Si elle m'a démolie, ça peut m'anéantir... pour l'éternité.

#méchantefille

Dès que le cours se termine, je me rue vers le Coin Zen pour inspecter le compte Instagram d'Erin. Elle a posté un lien vers mon vlog et un selfie sur lequel elle est parfaitement maquillée, comme à son habitude. Elle penche sa tête vers l'écran, ses paupières sont argentées, et ses lèvres rouges. D'ordinaire, ça ne va pas ensemble mais c'est Erin, et ça fonctionne. Elle a écrit :

Il y a un nouveau vlog très intéressant : #help par @millieporter et qui dit en gros que les gens qui aiment le maquillage sont superficiels. Les filles, je ne crois pas qu'une autre fille doive vous dicter ce que vous pouvez faire ou ne pas faire. Vous êtes d'accord avec moi ? Je pense que c'est de notre responsabilité d'utiliser du maquillage pour mettre nos traits en valeur. Si vous êtes contre le maquillage, vous êtes contre la liberté, contre les filles et contre le féminisme. #féministe #girlpower #maquillage #yeux #lèvres

Inutile d'aller vérifier mon vlog. J'inspire profondément, quitte les toilettes et montre le tout à Lauren. Elle attend avec Bradley. Lauren passe son bras autour de moi. Bradley fait de même. Que se passe-t-il ?

Je parviens tout juste à articuler :

– Ce n'est pas du tout ce que j'ai dit. J'ai juste dit que...

– Écoute Millie, m'interrompt Bradley d'un ton neutre. Pour Erin, c'est comme une déclaration de guerre. Quiconque a une activité à peu près digne de ce nom sur les réseaux sociaux constitue une menace pour elle. Sauf quand on parle d'ascenseurs. Mais, dans un sens, elle t'a fait de la pub.

La façon dont Bradley me regarde à travers ses énormes lunettes me trouble un peu. Il est vraiment gentil et rassurant. Lauren nous scrute d'un air suspicieux.

– Et donc, Millie, je... euh... je me demandais si tu voulais qu'on se retrouve de nouveau samedi prochain pour discuter de ton prochain vlog ? poursuit-il en rougissant. Je sais que le monde des escaliers mécaniques et celui des solutions aux problèmes des gens n'ont pas grand-chose en commun, mais je pense... après avoir vu ton... travail... que je pourrais t'aider à trouver le moyen de toucher encore plus de gens.

Je m'étonne moi-même, mais j'acquiesce en répondant à Bradley que c'est d'accord pour samedi. Il disparaît à la seconde en rasant les murs.

Après ce qui s'est passé aujourd'hui, je vais avoir besoin de soutien. Je sais que je peux compter sur Lolo, mais elle n'est pas experte en la matière. Et, en ce moment précis, elle exulte, le sourire jusqu'aux oreilles.

– Alors là Millie, tu ne pourras pas prétendre que ce n'est pas un rencard ! Il te kiffe carrément, et pas juste en tant qu'ami ! Il a mis son bras autour de toi !

Je m'apprête à rappeler à Lauren la différence entre rendez-vous professionnel et rencard quand Danny Trudeau me tapote l'épaule.

– Salut Lauren ! Salut Millie ! J'ai bien aimé #help. C'est du bon travail ! Ça fait plaisir de constater que je ne suis pas le seul à avoir une famille de fous. En ce moment, mon père essaye de fabriquer un tank à base de bouts de ferraille. Il a regardé un peu trop de films avec des robots tueurs et il préfère anticiper leur coup d'État.

Je la joue détendue :

– Quel genre de tank ?

Danny baisse la tête, bouge les pieds et penche légèrement la tête.

– Du genre très gros. Gris. Qui fait beaucoup de bruit, surtout quand tu cherches à te reposer. Serais-tu une experte en armement, Millie ?

Il me décroche un sourire ravageur. Et je me trouve assez drôle tout à coup, dans le bon sens du terme.

– Pas vraiment. Mais j'en connais un rayon sur les pistolets à fléchettes ! Je suis capable de tuer avec ça.

Danny plante ses yeux dans les miens.

– J'adorerais voir ça.

S'ensuit un long silence embarrassant. Dois-je répondre un truc du genre : « J'adorerais me battre contre toi ! » ou « C'est quand tu veux ! » ?!

Finalement, et juste pour mettre fin à ce moment de gêne, je sors :

– Je ne suis pas si douée au pistolet à fléchettes. En fait, je n'y ai jamais joué.

Pourquoi ai-je dit cela ? Danny a l'air déçu.

– En tout cas, reprend-il d'une voix traînante, je vais suivre ton conseil. Je ne vais pas essayer de changer mon père, mais plutôt de l'accepter comme il est. Même s'il m'a tiré dessus avec une grenade en plastique quand je faisais mes devoirs hier soir ! Sinon ton vlog est bien, j'ai vraiment apprécié. Bon je dois y aller, à plus les filles.

Dès qu'il est parti, Lauren et moi échangeons un regard.

– Non Millie, tranche Lauren. Ne joue pas à ça, tu as déjà Bradley qui te kiffe. Danny est la propriété d'Erin, il est le gâteau sur la cerise.

Lauren doit penser « la cerise sur le gâteau ». Danny Trudeau, c'est chasse gardée, je le sais. Lauren le sait. Instagram le sait. Le monde entier le sait.

De charmants petits claquements de talons arrivent à nos oreilles. Erin passe devant nous en froufroutant et m'interpelle d'un air détaché :

– Hé Millie ! J'ai bien compris que tu cherchais à faire quelque chose de puissant et... authentique. Sauf que ça n'a pas trop marché, n'est-ce pas ? Tu as juste eu l'air un peu... pathétique. Mais tu as le temps de t'améliorer, il faut continuer à travailler ! Danny, attends !

Et Erin rattrape Danny. Son visage s'illumine. Elle sort son téléphone pour lui montrer quelque chose. Je regarde Lauren. Ils sortent ensemble, c'est sûr. C'était couru d'avance.

– Le poisson a mordu à l'hameçon, Millie. Passe à autre chose, soupire Lauren.

Sa majesté a épinglé le prince à son tableau de chasse, et moi je suis une Cendrillon dénuée de bonne fée qui tient un vlog dans son cagibi.

#commentaires

Sur le chemin du retour, Lauren et moi prenons enfin connaissance des commentaires sur mon vlog qui a récolté près de 500 vues. Pas si mal.

Et les commentaires sont... divers et variés...

Bon conseil... si vous êtes stupide

Ça va m'aider avec maman, merci !

Alors là, il s'agit d'une personne sympathique qui mérite une réponse.

Ne parle pas de choses que tu ne comprends pas

OMG jolie nana

#angoisse

Un peu zarb mais plutôt pas mal

Tu te prends pour qui grosse vache ?

Perdez jusqu'à 15 kg en une semaine avec le régime Goyave

Pourquoi tu es dans un cagibi ? LOL

Respects du Brésil

Sexy. Tu as quel âge ? ;)

Es-tu féministe ? C'est pour ça que tu ne portes pas de maquillage ?

Je reprends ma respiration.

– Mills ! Ne le prends pas mal, c'est une très bonne question ! fait remarquer Lauren. Réponds à ce commentaire, et précise que tu n'as rien contre le maquillage, mais que tu trouves que c'est bien aussi de ne pas en porter.

De vous à moi, je suis passablement en colère et quelque peu vidée de mon énergie. Erin a réussi à déformer mes propos en faisant l'impasse sur mes conseils pour cohabiter avec des adultes cinglés, et elle a ramené la couverture à elle. Comme d'habitude.

– Tu sais quoi, Lauren ? La prochaine fois, je ferai la moitié du vlog maquillée et l'autre moitié sans maquillage. Et ça clouera le bec de tout le monde !

Lauren s'arrête net.

– Attends un peu, mais c'est une bête d'idée ça !

Je la regarde comme si elle était devenue folle. Parce que c'est un peu le cas.

– Si je fais ça, on va me prendre pour une débile et les gens vont jaser...

Mais finalement en y réfléchissant, ce serait la meilleure façon d'appuyer mon propos. C'est une très bonne idée.

Je prends mon amie dans mes bras et la serre fort.

– Lauren... tu es un génie !

On esquisse quelques pas de danse devant la vitrine de Primark.

Lauren hoche la tête et annonce fièrement :

– Je maquillerai un côté de ton visage et laisserai l'autre moitié au naturel. Tu seras belle sous les deux angles. Tout le monde va t'adorer. Ce sera ta réponse à Erin sans l'attaquer frontalement. Le féminisme et le maquillage seront saufs ! Tu pourrais même devenir la sensation du moment.

Et elle me fixe en remuant la tête d'un air insolent...

– Et toi qui ne jurais que par les conseils de Bradley en matière de vlogging...

– Euh... oui, enfin non, mais... bon, salut Lauren ! À demain !

Je m'échappe rapidement avant qu'elle s'éternise sur le sujet. Peut-être que j'ai envie de voir Bradley pour autre chose que mon vlog. Peut-être que je commence à avoir des sentiments pour ce gentil intello, et peut-être...

Quand j'arrive dans notre rue, j'aperçois maman qui attend devant la porte de chez grand-père. Elle n'a pas l'air contente.

– Millie, dit-elle en me poussant à l'intérieur, il faut qu'on parle. Maintenant.

#sermon

J'emmène maman dans ma chambre. J'ai réussi à faire disparaître presque toutes les affaires de tata Teresa sous le lit, même l'écurie en bois et la dînette qu'elle ne peut se résoudre à jeter parce qu'elles lui rappellent l'époque où elle jouait à la marchande pour chevaux. Inutile de préciser que je ne connais aucun cheval qui aime la pizza en plastique.

Maman s'est assise au bout du lit.

– Ton père m'a appelée, Millie.

Je suis étonnée.

– J'ai entendu dire par ton père, qui l'a appris de ton grand-père... Bon... en fait, j'ai vu que tu faisais comme ces gens qui se filment sur internet, et que tu parlais de Gary et moi !

– Mais non !

– Tu as parlé de Gary. Ce n'est pas bien de parler des gens dans leur dos.

– Je n'ai pas mentionné son nom, maman, dis-je d'un ton calme et assuré.

– Millie, ne me prends pas pour une idiote, tu sais que je n'aime pas ça.

Alors pourquoi se comporte-t-elle en idiote, en vivant avec cet idiot ? Je peux facilement avoir le dernier mot dans cette conversation.

– Ne t'inquiète pas, maman. Je suis sûre que plein de gens ont chez eux un aspirateur qu'ils traitent comme leur enfant. Personne ne fera le lien avec Gary.

Maman a l'air contrariée, elle hausse le ton :

– Tu sais aussi que je n'apprécie pas le sarcasme, Millie. Et je m'inquiète pour toi. Internet grouille de gens malintentionnés qui prétendent être sympathiques mais qui ne te veulent que du mal. Sais-tu à qui tu t'adresses, au moins ?

Je ne dois pas en vouloir à papa ni à grand-père. Ni à maman. Elle me prend de haut mais je sais que c'est parce qu'elle m'aime, alors je garde mon calme.

– Sérieusement, maman ! Je m'adresse à eux mais on ne se parle pas. Je ne leur révèle pas où j'habite. Pas même le pays d'où je viens. Je sais ce que je fais.

Elle devient toute rouge.

– Ça peut quand même faire de toi la cible de personnes malveillantes, Millie.

Je reste calme.

– Tu as regardé trop de films avec Liam Neeson, maman. Écoute, je te promets, si j'avais le moindre problème, je viendrais t'en parler. C'est ce que j'ai toujours fait, d'ailleurs. Comme la fois où quelqu'un à l'école m'avait raconté que le Père Noël te volait toutes tes dents si tu avais été méchant dans l'année. J'ai dormi la tête enfouie dans l'oreiller pendant tout le mois de décembre. Tu te souviens ?

– Pour rebondir là-dessus, ces gens de l'internet, ils passent par la cheminée, comme ce Père Noël, et ils...

Et voilà ! Je savais qu'elle allait dramatiser ! J'aurais dû la faire taire avant de perdre la main.

– Maman, tout va bien, vraiment. Et je fais mes devoirs tous les jours.

Et c'est la vérité. Je prends le temps. Je trouve le temps. Je n'ai toujours pas de bureau à moi dans cette maison mais le plateau télé *Moi, moche et méchant 2* de tata Teresa fait l'affaire.

– Oh Millie... (Il y a de la tristesse dans sa voix.) Je passe à côté de ce que tu fais. Rentre à la maison. Je sais que je ne peux pas te forcer mais rappelle-toi que je suis là pour toi. Toujours.

Et elle frappe sa poitrine du poing puis tapote la mienne au niveau du cœur. Ça me donne envie de pleurer. Ma mère est vraiment super. Je sais que je devrais dire du mal d'elle, et j'ai beaucoup d'amies qui ne s'entendent pas avec la leur. Mais la mienne est cool. En dehors du fait qu'elle sorte avec un véritable dictateur de la propreté, une sorte de Staline parfumé à la javel.

Quand on aime quelqu'un, c'est souvent préférable d'avoir plusieurs pied-à-terre. Ça résout bien des problèmes. Je devrais faire une vidéo sur le sujet.

– Au fait, où est ton père ? me demande maman quand nous descendons au rez-de-chaussée.

– Oh, il est sorti pour son travail.

De vous à moi, je n'ai pas la moindre idée de l'endroit où il peut être.

#honnête

Je me sens un peu déprimée après le départ de maman. En plus on est lundi et le week-end est encore loin.

Si je devais être honnête avec moi-même ce soir, voilà ce dont je parlerais dans mon vlog :

1. Ces commentaires sont très blessants. Ils me piquent dans ma chair et me font du mal. Je sais que je ne devrais pas me laisser atteindre, mais c'est trop dur. Et je tiens à continuer mon vlog afin de ne pas laisser Erin et tous les haters gagner.

2. Mon père n'est jamais là ! C'est grand-père qui joue le rôle de père. Et je passe plus de temps

avec Raymond le chat qu'avec mon propre père, alors qu'elle est toujours par monts et par vaux pour ses sorties félines. Je sais qu'il est ravi de m'avoir ici, mais, et maman a raison à ce sujet, papa est vraiment... centré sur lui. Il n'est pas méchant et ce n'est pas un mauvais père. Je sais que je peux compter sur lui en cas de problème. Mais dans la vie de tous les jours, il me laisse gérer mes trucs et fait ses propres choses de son côté et je...

3. OK. Je dois vous avouer quelque chose. D'une certaine manière, ça me manque d'habiter dans une maison propre et rangée. Et aussi de savoir que les gens sont présents quand ils ont prévu de l'être. Mc Whirter ne me manque pas, ni l'impression d'être constamment traitée comme un misérable mouton de poussière sur un parquet flottant. Mais l'organisation me manque, toutes ces petites choses qui vous font vous sentir en sécurité et pas en panique. Je sais que je suis ennuyeuse. Si seulement Gary Woolton alias Monsieur Propre pouvait débarrasser le plancher avec ses lingettes anti-poussière.

4. Je suis amoureuse de Danny Trudeau et je n'ai aucune chance avec lui. Et je ne viens pas à la pêche

aux compliments, donc inutile de rétorquer : « Bien sûr que si, Millie ! », parce que si vous voyiez Erin, vous comprendriez. Zéro chance.

5. Et pour couronner le tout, Bradley Sanderson me trouble. Je n'ai pas voulu l'admettre devant Lauren, mais je l'aime bien. Dans quel sens ? Je n'en sais rien. J'ai besoin de compter sur la partie rationnelle de mon cerveau pour m'extraire de cette pagaille et régler tout ça. Ou alors, j'en parle à maman. Mais ça reviendrait à admettre que je ne peux pas m'en sortir toute seule et que je ne suis pas si maline que ça. Ni raisonnable. Ou quoi que ce soit dont j'ai besoin d'être pourvue pour qu'elle me laisse faire mon vlog.

Ça c'est la version honnête de moi-même. Mais il n'est pas question que je partage ça avec le reste du monde dans l'immédiat. Juste avec vous et Raymond qui est en ce moment même à mi-parcours de son ascension des rideaux et qui se balance de droite à gauche. Pour elle, un rideau n'est qu'un morceau de tissu dans une cour de récré. Elle s'inspire sûrement de ce que tata Teresa a fait par le passé.

#relooking

– Admets-le, Millie, tu as rencard avec Bradley Sanderson ce week-end.

Le blues du lundi s'est fait la malle, et maintenant c'est soirée #help. Nous sommes sur le point de produire une nouvelle vidéo, Lauren et moi (même si mon cœur bat la chamade). Et si Lauren a l'air de capter mon trouble vis-à-vis de Bradley, je ne compte pas aborder le sujet.

– Ce n'est pas un rencard, Lolo. La dernière fois non plus. C'est un... entretien pour m'aider à améliorer ma stratégie marketing.

Au regard qu'elle me jette, je constate qu'elle n'en croit pas un mot.

– À d'autres, Millie. Je te parle de TES sentiments pour lui. Si vous aviez des bébés ensemble, ce seraient les enfants les plus sensibles et les plus intelligents au monde, comme des petits Mark Zuckerberg.

Je ne peux pas lutter contre l'imagination sans bornes de mon amie quand il s'agit d'amour, alors j'essaye de rester factuelle. C'est le meilleur moyen de la ramener sur terre.

– Lolo, tu savais qu'on pouvait modifier sa langue d'origine en langage « pirate » sur Facebook ?

Ce n'est pas une nouveauté, mais ça me permet de changer de sujet. Comme on ne va plus trop sur Facebook ces derniers temps, je pourrais dire ça ou autre chose. Mais là, je sens que le cerveau de Lauren a enclenché la vitesse supérieure.

– Ah bon ? Mais c'est quoi l'intérêt ?

– Je ne sais pas. Le fait est que je n'aurai pas de bébés avec Bradley Sanderson. Il a une copine qui vit aux States et qu'il n'a jamais rencontrée.

– Mais à quoi ça sert le langage pirate ? poursuit Lauren que cette idée semble à présent plonger dans un profond tourment intérieur.

Mon petit plan diabolique a fonctionné. J'ai réussi à détourner son attention.

– Allez, on passe au vlog !

On consacre les deux heures suivantes à la préparation du maquillage et le résultat est magnifique. La première moitié de mon visage n'a rien à envier à la perfection cosmétique d'une Erin, et sur l'autre partie, il n'y a absolument RIEN. J'ai peut-être l'air d'une boloss, mais d'une boloss qui déchire.

Lauren compte sur moi, alors je me lance !

Salut ! C'est Millie Porter pour #help. Cette fois, nous allons aborder le thème suivant : « Comment s'en sortir avec le sujet épineux du maquillage ? Peut-on être féministe et se maquiller ? » Je vous ai concocté un petit truc avec l'aide de Lauren ma meilleure amie, et j'ai envie de le partager avec vous.

Voilà comment je me suis maquillée...

(J'oriente le côté parfaitement fardé de mon visage vers la caméra.)

Et voilà l'autre côté...

(Je dévoile au monde entier la partie nue de mon visage.)

Le problème n'est pas de porter ou non du maquillage. On peut faire absolument ce qu'on veut. Le féminisme n'a rien à voir avec l'eyeliner ou ce à quoi on ressemble. Il s'agit plutôt d'être jugée sur ce que l'on est vraiment. Ne pas être traitée différemment parce qu'on est une fille. Pouvoir prétendre aux mêmes opportunités que les hommes, que l'on ait forcé sur le fard à paupières ou pas. Ne pas savoir cuisiner – mon grand-père est persuadé que je sais cuisiner, uniquement parce que je suis une fille. Non seulement je ne sais pas, mais je n'y tiens pas spécialement. Peut-être que je m'y mettrai plus tard mais ce sera parce que j'aurai envie de me mitonner un bon petit plat, et pas juste avaler des haricots en boîte. Et c'est la même chose pour le maquillage : il faut le faire pour vous ! Comme on se prépare à manger ! Il ne faut pas se maquiller pour plaire aux hommes. D'ailleurs ils ne comprennent rien au contouring, généralement.

Le monde a évolué ces derniers temps. Comme les dinosaures. Non en fait, pas comme les dinosaures puisqu'ils sont tous morts. Sûrement parce qu'ils n'ont pas adhéré à la cause féministe.

Pour résumer, si vous vous maquillez et que vous en tirez du plaisir, bravo, vous êtes féministe.

Si vous ne vous maquillez pas et que vous en tirez du plaisir, félicitations, vous êtes aussi féministe !

(Je tourne de nouveau mon visage de gauche à droite afin que tout le monde saisisse bien l'effet produit par le maquillage.)

Merci. N'hésitez pas à me faire part de vos impressions dans les commentaires. #help Aidez-moi à vous aider !

Lauren lève le pouce.

– C'était vraiment super, Mills ! Bon... le truc sur les dinosaures, ça sortait un peu de nulle part mais ça passe. Si ça se trouve ce n'est pas une comète géante qui les a éliminés, mais plutôt les femelles stégosaures qui ont tué tous les tyrannosaures mâles en représailles de leur sexisme, et tout a dégénéré...

– C'était une comète, Lolo. Allez, c'est parti ! On va montrer au monde entier tes extraordinaires talents de maquilleuse.

J'ai du mal à croire que je suis sur le point de diffuser la vidéo.

Lauren me regarde.

– Oui Millie, le monde entier c'est une chose, mais je te conseille d'aller te laver le visage avant que toute ta famille pense que tu es folle à lier.

Une fois encore, on a sauté le pas. Mais qu'est-ce qui m'arrive ?

#trolls

Je me réveille tôt le lendemain matin. J'ai du mal à dormir en ce moment, j'ai besoin de voir ce qui se passe sur le vlog. Pour tout vous dire, j'y fais même quelques visites pendant la nuit parce que les Sud-Américains ont un léger retard de fuseau horaire et je tiens à m'assurer que le fait de ne parler ni espagnol ni portugais ne soit pas un frein à la compréhension de mon message.

OK, j'exagère un peu. Il s'agit surtout de récolter des abonnés parmi les collégiens et pas d'espérer une notoriété internationale.

La bonne nouvelle, c'est que mon nombre d'abonnés va croissant. Je suis à plus de 300. Et j'ai eu plus de 507 vues. En m'envoyant ses piques perfides, Erin m'a fait la meilleure des publicités.

La mauvaise nouvelle... ce sont les commentaires. Horribles pour la plupart.

J'ai adopté deux dinosaures qui ne s'entendent pas. Qu'est-ce que tu me conseilles ?

(OK. Ça, on va dire que c'est drôle.)

Pauvre meuf

Tu te crois intéressante. T'es juste cramée sale meuf.

Super idée ! Trop bien ton vlog J

Bien sûr que le féminisme a un rapport avec l'apparence ! Merci de laisser les sujets intelligents aux adultes.

Olympe de Gouges et Simone de Beauvoir doivent se retourner dans leur tombe !

(Je suppose que c'est ironique)

Seules les filles moches sont féministes

(Ça existe vraiment ce genre de gens ?! Encore un troll !)

C'est insultant pour les vraies féministes

Toutes ces filles moches qui se plaignent des hommes... Toujours la même rengaine

De toute façon, t'es moche ! Alors mets-toi un sac sur la tête !

OK. Là j'avoue, j'ai du mal à encaisser. Je me regarde dans le miroir. Certes, je ne colle pas aux standards d'Erin Breeler. Mais franchement, qui peut s'en targuer ? Et je ne suis pas moche pour autant. Et quand bien même je le serais ?! C'est exactement ce qu'affirmait J.K. Rowling à propos des gros. Est-ce qu'avoir des kilos en trop est vraiment la pire chose sur terre ? Et être moche ? Bien sûr que non. C'est pire d'être une horrible peste qui n'a rien de mieux à faire que de harceler les gens jusqu'à ce qu'ils finissent par se détester eux-mêmes.

Ce ne sont pas exactement les termes de J.K. Rowling, elle tournait ça mieux, mais...

Mochc ?

Ça fait mal. Je ne peux pas m'empêcher d'y penser. Et la fille raisonnable en moi sait pertinemment qu'il ne s'agit que d'un troll qui répand sa haine, mais la majeure partie de mon cerveau ne peut s'empêcher de penser que ce vlog est une mauvaise idée, et que maman avait raison, et que je me plante complètement.

Dans quel but écrire ce genre de trucs ? À quoi ça sert de blesser des gens qui ne vous ont rien fait ?

J'appelle Lauren dans la foulée.

– Tu as vu le commentaire où on me traite de moche ?

– Oh Mills ! C'est juste un troll. Regarde plutôt les autres commentaires ! Il y en a des sympas. Pense à ce que tu me conseillerais dans un cas similaire : Ne prête pas attention aux gens haineux ! Concentre-toi plutôt sur toutes les marques d'attention bienveillantes !

Elle a raison. Et la fille raisonnable en moi se réveille.

– Alors qu'est-ce que je dois faire, Lolo ?

Lauren prend une toute petite voix :

– Pour être honnête avec toi, Millie, j'ai beaucoup de choses à régler en ce moment. Quand je suis rentrée à la maison l'autre soir, mon père était en train d'accuser ma mère d'avoir hydro-fracturé un cheese-cake entier.

J'essaye de me lancer dans le vlogging et j'ai besoin de l'aide de Lauren. Et ses propos n'ont aucun sens. Je la rabroue gentiment :

– Qu'est-ce que tu entends par « hydro-fracturer » ? Comme pour le gaz de schiste ?

Elle soupire tristement.

– Ouais ! Il prétend qu'elle l'a mangé de manière industrielle. Il sait très bien ce qui la met en pétard : la critiquer sur son physique, sur le fait qu'elle ronfle, et sur sa façon de manger...

J'essaye de la ramener sur notre conversation, à savoir mon vlog, et le fait que je me fasse troller au-delà du supportable. On sait toutes les deux qu'on ne peut rien faire pour ses parents.

– Tu sais quel est ton plus gros problème, Millie ? C'est Erin. Hier, j'ai appris par Gracie qu'Erin songeait à lancer un vlog de mode. Si tu veux mon avis, c'est carrément une attaque par vlog interposé. Allez, on se voit en classe tout à l'heure.

Juste après avoir raccroché avec Lauren, je consulte le compte Instagram d'Erin. Bien entendu, elle a posté le plus magnifique des selfies avec la légende qui suit :

Je voulais vous faire part d'un partenariat tout frais avec des gens extra que vous allez adorer ! C'est quelque chose que vous attendez depuis longtemps ! Et je vous fais la promesse que ça ne se passera pas dans un abri de jardin ;) et que ce sera résolument superbe #affaireàsuivre

Son amie Miranda a commenté :

Je suis troooop pressée de voir ça. Erin va lancer un pavé dans la mare de tous ces vlogs soporifiques et donneurs de leçon ;)

Ça ressemble à une déclaration de guerre, et je n'ai pas envie d'entrer dans son jeu. Je suis pacifiste moi, je veux la paix. Bradley pourrait peut-être m'aider à trouver une solution. Il a sûrement été lui-même confronté à des vlogs d'ascenseurs rivaux qui ont cherché à l'envoyer au trente-sixième sous-sol. Désolée, je ne cherchais pas spécialement à faire un jeu de mots pourri, même si ça y ressemble.

#rencard

C'est assez étrange de retrouver Bradley au centre commercial ce samedi.

Il m'attend près de son ascenseur préféré et la première chose que je remarque, c'est qu'il a l'air en pleine forme. Et je dois avouer que le fait de le trouver plutôt mignon me surprend un peu. Il porte un T-shirt Star Wars sous une veste, et ça va plutôt bien ensemble.

– J'ai failli me déguiser en Dark Vador, dit-il en souriant, mais je n'étais pas sûr que tu sois une grande fan du côté obscur.

Je glousse.

– Tu sais, Bradley, tu aurais pu venir habillé en chevalier Jedi, ça m'est complètement égal.

Il fait un tour sur lui-même, éclate de rire et réplique :

– Tu n'aurais pas voulu que je vienne en Yoda, quand même.

– Yoda est un sage, au moins. Je l'aime bien. Je ne connais pas grand-chose à Star Wars, mais je trouve qu'il tient des propos sensés.

– Donc, tu préfères les hommes hauts comme trois pommes, vieux, verts et qui inversent l'ordre du sujet-verbe-complément ?

Je le regarde fixement.

– Très honnêtement, Bradley, je ne sais même pas de quoi tu parles.

– Moi non plus, admet-il. J'ai trouvé ça dans Wikipédia. J'ai remarqué que quand tu racontes, d'un air sérieux, que tu as tiré ton info de Wikipédia, on te prend pour quelqu'un de très intelligent. Par exemple, tu savais que les gens aux yeux bleus sont plus enclins à avoir un accident à cause d'un pantalon qui ne leur va pas que les gens aux yeux marron ?

– Vraiment ?

C'est une statistique étonnante, et je pourrais m'en servir pour un vlog. C'est un conseil judicieux pour s'habiller.

– C'est complètement faux, reprend Bradley. J'ai aussi remarqué que les gens croyaient tout ce que je raconte parce que je suis un intello à lunettes.

Il me fait rire. Il esquisse un petit sourire craquant.

– Je vais te donner une vraie info, poursuit-il en reprenant son sérieux. Tu as plus de chance de mourir en faisant un selfie qu'en étant mangée par un requin.

Je pousse un petit cri :

– C'est vrai ? Oh ! là là !... Et qu'est-ce qui se passerait si les requins pouvaient se prendre en selfie eux-mêmes ?

Bradley se creuse la cervelle.

– Les risques de décès seraient doubles. Les gens se prendraient en selfie avec un requin pour le côté cool de la chose... et puis ils se feraient manger.

Je n'ai pas tenu de conversation aussi absurde depuis longtemps (et je vous rappelle que ma meilleure amie, c'est Lauren), mais je trouve ça très agréable.

On prend un café. Je le laisse payer, cette fois, c'est équitable. Et il s'abstient de toute remarque paternaliste aujourd'hui. Nous avons une conversation d'égale à égal.

Pourquoi suis-je autant sur la défensive vis-à-vis de Bradley ?

Dès que nous sommes assis, je lui pose la question qui me brûle les lèvres :

– À quelle fréquence devrais-je poster des vidéos ? J'en suis à deux par semaine pour le moment.

– Tu peux en faire autant que tu veux, mais attention à la surenchère. Je poste une vidéo par semaine, ça suscite une forme d'excitation chez les abonnés, surtout si j'ai une machine un peu spéciale à leur montrer.

Cette conversation devient vraiment étrange. J'ai la sensation de pouvoir parler de tout avec lui, comme je le fais avec Lauren. Je finis par lui avouer que des gens m'ont écrit des choses méchantes, que j'étais moche.

Bradley m'effleure le bras l'espace d'une microseconde, me regarde et me dit avec beaucoup de douceur :

– Ce sont des trolls, Millie. Je t'avais prévenue.

Cet échange prend une tournure de plus en plus bizarre. Bradley se met à parler très vite :

– Tu es drôle et intéressante, c'est ça qui compte. Ce que tu fais est différent des sempiternels vlogs girly qu'on voit partout. J'ai adoré ta dernière vidéo. J'en ai tellement marre de tous ces trucs de filles... Le fard à joues, les sourcils épilés, les châteaux de princesses, les licornes avec des crinières dorées... Quel intérêt ?

– Tu n'es pas obligé de regarder, Bradley. (J'essaye de changer de sujet.) Il y a plein de filles qui n'aiment pas ça, et même celles qui s'intéressent à ce genre de choses – et pour ma part je ne crache pas dessus –, le problème n'est pas là. On a le droit d'aimer ce qu'on veut. Ça ne signifie rien, « trucs de filles » ou « trucs de garçons », il y a des trucs, un point c'est tout !

Bradley baisse les yeux.

– Si tu veux savoir, j'ai perdu des gens que j'aime à cause du maquillage, comme ma copine américaine. On s'est éloignés l'un de l'autre, donc j'ai décidé de rompre. C'était préférable avant qu'on se rencontre pour de vrai. Elle a toujours été une grande cosplayeuse, mais ces derniers temps elle ne le faisait plus vraiment pour s'amuser. Je me fiche de savoir quelle sorte de rouge à lèvres porte Captain Marvel. Ce qui compte, c'est qu'elle puisse voler ! Elle est capable d'absorber l'énergie et de la propulser en rayons cosmiques ! Elle se bat à mains nues ! Et si elle se casse un ongle au milieu d'un combat contre un super-vilain, je ne pense pas qu'elle prendra rendez-vous chez sa manucure !

Il est remonté, mais il a beaucoup d'humour.

– Je suis désolée pour ta copine.

Je me sens obligée de compatir parce qu'il a vraiment l'air triste.

– C'est la vie, soupire-t-il. Les relations à distance ne sont jamais simples. Peu importe. Toi, tu es différente. Tout n'est pas qu'une question de physique, mais aussi d'intelligence. J'aime l'intelligence. J'aime parler de sujets vraiment intéressants, pas seulement d'ascenseurs, mais aussi de l'époque dans laquelle on vit. Je suis féministe, tu sais.

Bradley me regarde très sérieusement avant d'ajouter :

– Tu es plutôt biscuits ou cupcakes ?

Sa question me prend au dépourvu. Je n'ai pas l'habitude de passer des superhéros à la pâtisserie.

– Biscuits.

– Je m'en doutais, sourit Bradley de son air le plus craquant de geek fan de cosplay et d'ascenseur. Je savais que tu n'étais pas du genre à te laisser avoir par un glaçage aguicheur. Tu sais de quoi tu devrais parler dans ta prochaine vidéo ? Des trolls. Et de la façon dont tu les gères. Exprime ton ressenti. Sois sincère. Partage tes moments difficiles, Millie.

Je passe vraiment un bon après-midi, bien meilleur que ce à quoi je m'attendais. Je savais que j'obtiendrais des conseils avisés pour mon vlog, mais je ne pensais pas échanger sur les relations à distance, les gâteaux ou la façon dont les gens évoluent. Tout est étrangement facile et naturel.

#unamourdegeek

La soirée commence avec une théorie du complot de Lauren à propos de l'amour.

– Tu es super amoureuse de Bradley Sanderson. C'est à peine croyable.

Je lui ai raconté mon après-midi au centre commercial et elle en tire une conclusion prévisible.

– Au risque de te choquer, Lauren, c'est possible de passer du temps avec un garçon sans lui rouler des pelles. Mais il a été adorable. Et qu'est-ce qu'il est drôle... Il m'a parlé de requins et de ce qui se passerait s'ils avaient des téléphones portables !

Lauren ne bronche pas.

Je tente de lui expliquer un peu mieux :

– Tu aurais dû le voir. Il est tellement gentil et vraiment pas mal avec sa veste et son T-shirt Star Wars !

Elle m'interrompt :

– Excuse-moi, Millie, mais ce garçon est amoureux de toi. Tu es tellement obsédée par ton vlog ces derniers temps que tu nies l'évidence. Si tu n'es pas attirée par lui, fais attention à ne pas jouer avec ses sentiments, tu pourrais être son Erin.

Je trouve Lauren un peu agressive, elle commence à m'agacer.

– Lauren. Bradley n'est pas amoureux de moi. Pas plus que Danny, d'ailleurs. Mets-toi ça dans la tête !

J'ai été un peu dure, et je me sens nerveuse. On ne se dispute jamais vraiment, Lauren et moi. On sait toutes les deux que ce serait trop lourd à porter. Le silence s'installe. J'ai peur de ce qu'elle va répliquer. La simple idée de me fâcher avec elle me donne la nausée.

– Tu comptes te déguiser ? reprend-elle. Ça m'est égal, mais préviens-moi quand même si c'est le cas. Si je passe par chez toi et que tu es en Walking Dead, je pourrais faire une crise cardiaque.

Je souris. C'est du Lauren tout craché.

– Pour quelle raison est-ce que je me déguiserais en zombie, Lolo ?

– Je ne sais pas... Je fais beaucoup de cauchemars avec des morts-vivants en ce moment. C'est sûrement lié à la fois où mon père s'était déguisé pour Halloween et que la sauce barbecue qu'il s'était renversée sur la tête avait giclé partout. Encore aujourd'hui, la simple évocation d'une sauce mexicaine me donne sérieusement envie de gerber. Bref... Donc tu sors avec un cosplayeur.

– Mais pas du tout ! C'est juste mon... conseiller médias !

On éclate de rire, parce que clairement je suis loin d'être une star de YouTube et je n'ai pas besoin de conseiller dans quelque domaine que ce soit.

Pendant qu'on glousse bêtement, je reçois un SMS de Bradley.

Merci pour ce moment passé ensemble aujourd'hui. On peut remettre ça bientôt ? On pourrait discuter des techniques pour empêcher les prédateurs aquatiques aux dents acérées de mettre la main sur les dernières technologies. Imagine les dégâts que pourrait faire un requin armé d'un Taser. B.

Bradley utilise le même genre de mots que moi. Et il est très intelligent.

Lauren me demande qui m'a envoyé un message. Je mens et réponds qu'il s'agit de Gracie.

Je ne peux pas faire autrement, sinon ça deviendrait trop compliqué.

– Tu ne veux pas rester dormir, Lolo ? On pourrait faire une vidéo.

Je suis gonflée à bloc après ce moment passé avec Bradley, je suis prête à me lancer dans une nouvelle vidéo. Il a raison, je dois rester concentrée et combattre les trolls.

Lauren est ravie.

– Bonne idée, Mills ! Je dois juste appeler ma mère pour la prévenir que je ne rentrerai pas ce soir. Je ne suis même pas sûre qu'elle aurait remarqué mon absence, mais on ne sait jamais ! On se retrouve au QG officiel de #help.

C'est trop mignon sa façon de parler du cabanon quelque peu moisi de grand-père.

#kebab

Grand-père est en train de fermer la porte du cabanon. Il tient un vieux pot de confiture rempli de clous. Il a plein de trucs comme ça. C'est un peu comme ses morceaux de bois, on dirait qu'il ne s'en sert jamais.

Il grogne :

– Je te fais confiance, Millie, ne prends pas la grosse tête avec la célébrité.

On est loin de la célébrité, grand-père. Déjà qu'il ne sait même pas utiliser la box correctement, je ne vais pas essayer de lui expliquer les subtilités du vlogging.

– Je n'y comprends rien, continue-t-il, mais Teresa m'a raconté que ça marchait du tonnerre. En tout cas mieux que ses tentatives de créer un parfum de glace à l'agneau braisé.

– Tu es encore fâché contre Teresa, grand-père ?

Ce n'est pas très sympa de revenir là-dessus, mais je me pose vraiment la question. Grand-père est tellement raisonnable et vieux jeu, tandis que Teresa... pas du tout.

Il me regarde d'un air fatigué.

– Il faut laisser les gens vivre leur vie, Millie. Certaines personnes pensent que si j'avais été plus dur avec mes enfants, ils ne vivraient pas tous les deux sous mon toit en essayant de gagner de l'argent de la manière la plus stupide qui soit. Mais il y a des choses plus importantes dans la vie que de gagner de l'argent et d'avoir un travail qui impressionne les autres. Il s'agit d'apporter sa pierre à l'édifice, Millie, de contribuer...

Qu'est-ce qu'il entend par là ? J'espère qu'il ne va pas me donner une leçon de jardinage. C'était super gentil de sa part de m'aider pour mon concours de citrouille d'Halloween en CE1, mais, aujourd'hui, je suis plus calée en sciences naturelles que la plupart des jeunes de mon âge.

– Contribuer à la vie de la communauté. Essayer de rendre le monde meilleur. Il y a plein de façons de procéder. Ramasser les ordures en est une. Prendre soin de soi aussi. Et même, tenter de fusionner un kebab avec un Cornetto peut être une façon de faire bouger les choses. Et c'est aussi ce que tu fais en partageant ton bon sens et en essayant d'améliorer la vie des gens. Je suis fier de toi.

Ces mots me réchauffent tant le cœur qu'il pourrait exploser. Un compliment de grand-père, c'est aussi rare que ces orchidées qui ne poussent que sous un climat particulier. Je vous avais prévenus, j'en connais un rayon sur les plantes.

– Juste une chose, Millie. (Il me regarde sévèrement.) Je sais ce que tu as dans la tête. Ça fourmille d'idées en tout genre, mais aussi de tracas. Ne dépense pas toute ton énergie dans quelque chose qui pourrait te laisser exsangue. Évite d'entrer dans la ligne de mire des idiots. Tu es encore tellement jeune. Tu as beau avoir une tête bien faite, tu as aussi une grande sensibilité, et besoin d'attention, de sécurité et d'amour. Fais attention aux mauvaises herbes, et garde à l'esprit qu'elles ont parfois l'aspect de jolies fleurs.

Je le serre fort dans mes bras.

– Bon, je suppose que tu as besoin de mon cabanon... C'est d'accord. J'y vais, les bégonias ont besoin de moi.

– Merci, grand-père.

Je l'adore. Se faire troller, c'est comme avoir les doigts pleins de terre quand on jardine, c'est inévitable. Il faut apprendre à s'endurcir et se procurer du savon. Ou ce que vous voulez. On ne peut pas se débarrasser de ses pensées négatives, mais on peut les stocker dans le parking de son cerveau à côté de la station-service de ses pensées.

J'ai vraiment besoin de reprendre mes esprits avant la prochaine vidéo, sinon personne ne va comprendre de quoi je veux parler.

#démantèlementdetroll

Lauren arrive. Elle a les yeux rouges, elle a dû se démaquiller avec son produit à l'hamamélis. Elle fait une grimace et me pointe du doigt en brandissant ses produits de maquillage.

– Je te mets du fond de teint pour que tu aies l'air un peu moins cadavérique ?

Avant que j'aie le temps de dire ouf, elle me passe déjà sa brosse sur le visage. J'écarte doucement sa main.

– Non. Restons naturelles et authentiques. Restons nous-mêmes.

Elle pousse un petit cri.

– Mills ! Je viens de choper une énorme écharde !

Lauren me montre son doigt. C'est carrément un arbre qui s'est planté dedans.

– Ce n'est pas beau à voir, Lauren ! Tu es à jour de ton vaccin contre le tétanos ? Tu sais, cette maladie qu'on attrape par les plantes, le bois et je ne sais quels autres trucs ! Ça te paralyse complètement ! Tu ne peux plus parler ni rien faire !

C'est incroyable le nombre de choses qui peuvent vous tuer de la pire façon qui soit. Même des petites choses mignonnes comme de simples brins d'herbe ou des marguerites. Et les champignons. Il existe une variété de champignons qui peuvent faire exploser le foie, c'est l'amanite phalloïde. Et une autre amanite aussi, qu'on appelle l'ange exterminateur. On dirait le titre d'un film d'horreur mais ça pousse dans la forêt à côté de chez vous. C'est pour ça que je préfère vivre en ville. Je préférerais ne pas connaître l'existence de ces choses-là. Je me sens bizarre et j'ai du mal à respirer...

– Le tétanos paralyse tout ton corps ? Si seulement Erin pouvait l'attraper, ricane Lauren.

Ce n'est pas très gentil de sa part, mais au moins mon esprit s'éloigne pour un temps des champignons vénéneux.

Lauren affiche une mine coupable.

– Bon, je ne veux pas qu'elle meure quand même, mais ce serait pas mal si elle pouvait la mettre en veilleuse quelque temps. En plus, si elle contractait le tétanos, son visage se figerait en un magnifique sourire qu'elle immortaliserait par un selfie depuis son lit d'hôpital, et qui lui vaudrait des millions de likes.

C'est sûrement vrai, mais je change de sujet :

– Il faut qu'on retire ton écharde.

– Oh ! Et si on filmait ça ?! Un tuto de secourisme ! Les conseils médicaux ont beaucoup de succès, et on... Ouille !

C'est sorti.

Lauren est déçue.

– On a vraiment raté une occasion de faire le buzz, Mills. Une vidéo d'extraction d'écharde pourrait avoir un succès fou. Tu veux que je m'en plante une autre pour qu'on puisse filmer l'opération ?

– Non Lolo ! C'est n'importe quoi, tu vas te blesser ! Je veux juste qu'on fasse le vlog.

– Tu sais de quoi tu vas parler ?

En fait, j'ai une super-idée. Et d'ailleurs je n'ai pas réfléchi à grand-chose d'autre.

– Ouais, je pense à un truc.

Après avoir discuté avec Bradley, j'ai compris que des gens sont en demande du sujet dont je m'apprête à parler. Ils recevront des alertes quand je posterai la vidéo. Leur téléphone va sonner. Ou biper. Ou vibrer.

J'inspire profondément. Lauren se place hors champ et lève le pouce.

Salut ! Ici Millie Porter pour #help ! Aujourd'hui, on va parler des trolls.

Je vais d'abord vous lire quelques-uns des commentaires que j'ai reçus, suite à ma dernière vidéo.

« Grosse vache sans talent. Supprime ton compte. »

« Pourquoi tu perds ton temps ??? Tu es grosse et pathétique. »

« Encore une nana qui nous explique comment on doit se comporter. Classique. Commence par régler tes problèmes. »

« C'est le truc le plus laid et le plus bidon que j'aie vu. »

J'ai presque les larmes aux yeux en parcourant tout ça. Je dois me maîtriser et garder mon sang-froid. Je déglutis.

C'est très dur de lire des choses comme ça mais ce qui me frappe, c'est que ces personnes ne me connaissent pas. Ce sont de pauvres gens tristes et haineux, sans amis, cloîtrés dans leurs chambres. Et ils doivent se sentir minables et inutiles. Quand ils voient que certains prennent du plaisir ou s'intéressent à quelque chose, ils n'ont qu'une envie, les blesser et les rabaisser.

Je ne suis pas en train de prétendre qu'il faut être compréhensif avec les trolls, mais simplement les ignorer ou les imaginer en sous-vêtements au milieu d'un centre commercial. C'est ce que fait ma mère avant une réunion importante et ça marche ! Même les gens les plus impressionnants lui semblent ridicules. Essayez de vous concentrer sur les choses positives et les commentaires sympathiques à la place.

On peut tous se conduire en crétin par moments. Ça n'excuse rien, mais c'est juste pour dire que notre propre stupidité entre en éruption tel un volcan et répand sa lave de bêtise partout sur nous. Un peu comme pendant cet exposé que j'avais fait à l'école primaire.

Plus sérieusement, le harcèlement est une chose horrible et fait de votre vie un enfer. Ça peut passer par des insultes ou par des coups. Ça peut être frontal ou arriver *via* les réseaux, voire même tout ça à la fois. Il ne faut jamais le laisser passer. Parlez-en à quelqu'un, faites-vous aider. Vous méritez qu'on vous respecte. Personne ne devrait se sentir nul à cause des autres. Je dois vous paraître ennuyeuse et donneuse de leçons, mais c'est la vérité. Tout comme c'est la vérité qu'on ne peut pas se lécher le coude. Regardez !

J'essaye de lécher mon coude.

Vous devez sûrement penser que je ne ressemble à rien, sans maquillage, mais c'est pour vous montrer qu'on a le droit de ne pas être parfait, et sachez que vous n'êtes pas seuls dans ce cas.

C'était Millie pour #help. Laissez vos commentaires, sauf si vous êtes un troll. Dans ce cas-là, désabonnez-vous, merci.

Ça me paraît bien, je suis plutôt contente.

Un bruit étrange parvient à mes oreilles. Ma meilleure amie s'est mise à pleurer.

Je m'empresse de la prendre dans mes bras.

– Lauren ! Qu'est-ce qui se passe ?

Elle renifle.

– C'est par rapport à ce moment où tu disais qu'il ne fallait pas laisser les autres te rabaisser. Ça me fait penser à mes parents. J'ai parlé à ma mère, Mills, et elle ne voulait pas que je reste dormir chez toi, mais honnêtement j'ai peur de rentrer à la maison. Quel est l'intérêt pour moi de vivre là-bas ? C'est comme quand j'ai reçu cette piñata pour mon anniversaire et que ma mère l'a détruite sous le coup de la colère. Il y avait des petits oursons Haribo partout. Ça a peut-être l'air drôle quand j'en parle maintenant, mais je te jure, ce n'était pas le cas. Le truc, Mills, c'est que...

Ce n'est vraiment pas le moment de nous déranger, mais c'est sans compter sur tata Teresa qui débarque en trombe.

– Coucou les filles ! Oh Lauren, ça n'a pas l'air d'aller... Les garçons, je parie ! Je comprends, tu sais. Ils sont très immatures avant d'avoir atteint leur vingt-troisième anniversaire, et honnêtement ça ne vaut pas la peine de pleurer pour eux. Tu as du mal à embrasser ? C'est dur, hein ? La meilleure chose à faire, c'est de s'entraîner sur sa main. Tu colles ta langue dessus, comme ça, et tu...

– Teresa ! On préférerait ne pas entendre ça !

Elle se tait. Pendant quatre secondes.

– D'accord, je m'en vais. Mais si vous avez besoin de savoir quoi que ce soit à propos des garçons, venez me voir. Je serai votre interlocutrice attitrée pour tout ce qui tourne autour des hommes et des crèmes glacées. Il y a beaucoup de similitudes entre les deux. Ils sont chouettes, mais fondent sous la contrainte. Et...

– Teresa !

Je crie d'une façon qui dénote une légère perte de contrôle de mes nerfs et qui me fait mal à la gorge. Teresa hoche la tête et s'en va.

Je me tourne vers Lauren, je ne sais pas trop quoi lui dire.

– Désolée ! renifle-t-elle. C'est tellement dur. Je vais rentrer chez moi, c'est mieux. Ça sera encore pire si je suis en retard.

Je la serre contre moi et on rentre dans la maison. Elle récupère ses affaires dans ma chambre et me salue, des larmes dans la voix.

Je n'arrive pas à imaginer ce que c'est de rentrer chez soi quand c'est la guerre à la maison. J'ai dû affronter l'hygiène radicale et maintenant le chaos absolu, mais ça... jamais. La seule chose vraiment horrible dans ma vie, ce sont les trolls, mais au moins ils font partie du monde extérieur. Quand ta propre famille n'est pas là pour toi, ça doit être insupportable. Il faut prendre soin des personnes que l'on aime.

Mon esprit se met à bouillonner. Le vlog, Erin, Bradley, Danny, les parents de Lauren, Gary, les trolls... tout s'embrouille dans ma tête...

J'ai un nœud à la poitrine qu'une main invisible serre de plus en plus fort.

J'ai besoin d'appeler maman.

#maman

Maman décroche immédiatement. Elle est en voiture, avec son kit mains libres, et elle éteint son affreuse musique.

– Coucou chérie, comment vas-tu ?

Comment je vais ? Par où commencer ? Ce serait un peu long, alors je me lance :

– Je voulais te dire que je t'aime.

Elle marque une pause avant de répondre :

– C'est une bonne chose.

S'ensuit un silence pesant et inconfortable que je finis par rompre :

– Tu as fait un rappel de tétanos récemment ?

Elle est troublée.

– Euh... non. Les avis divergent à ce sujet tu sais. Tu dois juste... enfin je ne suis pas sûre. Je commande des seringues, ma puce, je ne suis pas médecin. Si je devais travailler avec des animaux qui viennent de l'étranger, j'en ferais un.

Bien qu'elle travaille dans un hôpital, maman confond encore le tétanos avec la rage. Elle s'inquiète :

– Millie, rassure-moi, tu n'es pas encore retournée sur le Wikipédia des maladies tropicales ?

Je suis incapable de mentir à ma mère.

– Non... bon, si, un peu. Mais le tétanos n'est pas une maladie tropicale, ça existe ici.

– Attends, je me gare. Quel est le problème exactement ? Qu'est-ce qui te tracasse ? Je sais comment tu fonctionnes, Millie.

Et c'est vrai. Elle me connaît mieux que quiconque. Mais je ne peux pas lui en parler maintenant.

Comme je reste silencieuse, elle poursuit :

– Passe à la maison quand tu veux. Tu sais que la porte est ouverte, tu nous manques.

Elle lit dans mes pensées ou quoi ?

– Je sais, lui dis-je. Bon, je te laisse y aller. Je t'aime, maman.

– Moi aussi je t'aime, Millie. Juste un dernier mot... si tu as des soucis, je te conseille de faire une liste de toutes les choses qui te trottent dans la tête. Ça peut vraiment t'aider et te permettre de les régler une par une, raisonnablement. À très bientôt. Je t'aime !

Je m'écroule sur mon lit. La vérité, c'est que j'ai plein de soucis. Je sais que certains d'entre eux sont ridicules et dérisoires, mais c'est plus fort que moi. J'ai beau donner des conseils dans un vlog, je suis moi-même dans une confusion totale.

1. Ma meilleure amie a peut-être contracté le tétanos.

2. Ma mère pourrait aussi contracter le tétanos étant donné qu'elle ne comprend rien aux sujets qu'elle est censée maîtriser, comme les maladies mortelles par exemple.

3. Je me suis fait la pire ennemie qu'il est possible de se faire sur terre en la personne d'Erin.

4. Je craque complètement pour un garçon que je n'aurai jamais.

5. Un garçon qu'Erin apprécie beaucoup et qui apprécie beaucoup Erin...

6. J'ai vu aux infos que des gens vraiment horribles font des choses vraiment horribles.

7. Que se passerait-il si ces gens vraiment horribles se retrouvaient en possession de champignons vénéneux ?

8. OK. Ça c'est ridicule. En effet, ces listes sont utiles.

9. Est-ce que je fais de la peine à ma mère en n'habitant plus chez elle ?

10. Où est mon père ?

11. Est-ce que tata Teresa ne risque pas de tuer quelqu'un avec sa cuisine fusion ?

12. Pourvu qu'elle ne mette jamais de champignons dans ses plats.

13. Parfois j'imagine que des choses horribles arrivent aux gens que j'aime et que je ne peux rien faire pour les empêcher.

14. Certaines personnes me traitent de « moche », et ça me blesse.

15. Mon vlog me donne une image de pauvre fille.

16. Mon vlog me fait passer pour une pauvre fille.

Ah tiens, j'ai reçu un SMS.

Salut Millie, j'ai une super-idée à te soumettre pour ton vlog. On peut se voir ? Je te promets de ne pas forcer sur le cosplay.

Je n'avais même pas répondu à son message précédent. J'ajoute un dernier point à ma liste.

17. Je n'arrive pas à savoir ce que je ressens pour Bradley.

Je diffuse la vidéo. Il est 19h45. Et cette fois-ci, je jure que je n'irai pas vérifier les commentaires avant 7 heures, demain matin.

#cœur

Je me réveille à 4 heures, ce dimanche matin. Cet horaire ne devrait pas exister, il est tout bonnement insupportable. J'ai récolté plus de vues pour ma dernière vidéo que pour la précédente. Je capitule et commence à regarder les commentaires.

J'ai regardé tes vidéos. C'est un peu simpliste.

J'aime ton look, c'est très frais ! Ça change de toutes ces filles maquillées à la truelle.

Tu fais pitié.

Tous les trolls ne sont pas aussi minables que tu le penses. Certains d'entre nous te haïssent vraiment.

Mon chat superstar

Je me suis peut-être surestimée. Je ne peux pas m'attaquer à des sujets que je n'ai pas expérimentés moi-même. J'ai l'air ringarde et stupide. Certains pensent que je fais pitié et vous savez quoi ? Ils ont raison. J'ai plutôt intérêt à réfléchir sérieusement à ce que je compte diffuser la prochaine fois. Comme dit Bradley, je dois penser à mon image de marque.

Oh ! Un commentaire de DanTruds1290...

> Encore une super-vidéo.

Avec un smiley en forme de cœur.

Un cœur !!! C'est énorme.

Et perturbant.

Est-ce que ça veut dire qu'il... ?

Danny et Bradley tourbillonnent dans ma tête en une sorte d'ouragan fébrile dans lequel s'engouffre tout mon corps.

Je ferais mieux d'essayer de retrouver le sommeil.

#milliemalchance

J'ai vraiment peur de retourner au collège cette semaine. Je sais pertinemment que ma dernière vidéo me place directement dans le champ de tir d'Erin et je ne sais pas quoi répondre au cœur de Danny. C'est peut-être un simple cœur amical, ou alors carrément un appel du pied du genre « je veux sortir avec toi ».

J'imagine aisément ce qu'en pense Lauren. Je lui parle du cœur quand on cherche une table le midi à la cantine.

– C'était amical, rien de plus, bougonne-t-elle.

Ce n'est pas vraiment ce que j'avais envie d'entendre. Elle est de mauvaise humeur depuis le début de la matinée.

– Tu ne peux pas en être aussi sûre !

– Oh écoute Millie, me coupe-t-elle, tu sais très bien que Danny et Erin passent beaucoup de temps ensemble. Arrête de les envier ! C'est Bradley qui est fait pour toi ! C'est le nerd parfait et toi tu es la fille mignonne avec un cerveau. Vous avez déjà eu un rencard. Fais le calcul.

Je me demande si elle n'a pas raison. Il me regarde de la même façon qu'il regarde ses Escalator. Avec amour et respect.

– Mais est-ce que j'ai vraiment envie d'une relation avec quelqu'un qui passe sa vie dans les ascenseurs ?

– C'est sexy les ascenseurs ! s'agace Lauren en écarquillant les yeux. Dans les films, les gens s'embrassent toujours dans les ascenseurs parce qu'ils sont à l'abri des regards. Vous pourriez même fusionner vos vlogs en faisant une vidéo #help depuis un Escalator.

Je pouffe de rire.

– Lauren... ne sois pas ridi...

Ce qui suit restera à jamais gravé dans le marbre.

Pendant que je suis en train de rigoler, je perds la maîtrise de mes capacités motrices. Ma jambe droite décide de s'affranchir du reste de mon corps et se précipite vers le côté opposé de la pièce. Je me vois voler, au ralenti. Je tends les mains vers le sol pour amortir ma chute, mais mon plateau et mes frites fusent dans toutes les directions en un spectaculaire geyser de nourriture.

Toute la cantine se met à applaudir et à m'acclamer. Rien de plus normal quand quelqu'un fait tomber son plateau, mais, en ce qui me concerne, c'est probablement le moment le plus embarrassant de toute ma vie.

Gracie accourt et commence à m'aider à ramasser les morceaux. Lauren m'aide à me relever. Elle s'y connaît en matière de chutes.

– C'est hormonal, murmure-t-elle. On n'y peut rien, on a un déséquilibre au niveau de la cheville et du pied, même sans talons. Tu te souviens quand ça m'est arrivé ? Ça fait partie de la vie.

Du coin de l'œil, j'aperçois Danny qui me regarde.

Bravo Millie. Rien de tel qu'un vol plané de frites pour impressionner l'homme de tes rêves.

Erin est là aussi, le sourire aux lèvres et le téléphone en mode rafale. Elle n'a rien loupé de la scène.

Bradley accourt à son tour, avec une autre assiette de frites. Comment a-t-il pu obtenir ça aussi vite ? Ce doit être son propre plat qu'il sacrifie.

– Tiens Millie, ça t'évitera de refaire la queue.

Encore une photo pour Erin. Et je sais où elles vont finir.

Elle possède deux bombes à présent : « La chute » et ce qu'on pourrait appeler « Sauvée par un blaireau ». Bradley n'est pas le genre de personne qui trouve grâce à ses yeux. Il a du succès sur la toile, mais ça ne fait pas de lui un mec cool selon les critères d'Erin.

Je m'arrange un peu et me coule sur une chaise aussi vite que possible. La vie reprend son cours dans la cantine, mais, dans ma tête, c'est un festival de mauvaise musique auquel participent Erin et d'autres élèves en me pointant du doigt, riant, hurlant, et s'égosillant à tue-tête.

Je dois reprendre mon souffle et respirer profondément.

– Ça va mieux, Mills ?

Lauren connaît la réponse à cette question mais elle ne sait pas quoi dire d'autre. C'est une façon de me suggérer « s'il te plaît, essaye d'aller bien » et « je ne sais pas quoi faire pour te réconforter ».

Je lui réponds que ça va, mais mon cœur bat la chamade, je me sens nauséeuse et j'ai l'impression que je pourrais exploser. Évidemment que ça ne va pas. Je viens de vivre un moment carrément traumatisant.

Quand il nous fait parfois l'honneur de sa présence, il arrive à mon père d'évoquer certains souvenirs de ses années de lycée, et pourtant ça date. Il ne se souvient pas du code de sa carte bancaire, mais il peut vous parler de la fois où le slip de bain de Nicolas Clarkson flottait à la surface de la piscine avant Nicolas Clarkson lui-même. Ce qui lui a valu le surnom de « Nic-fesses à l'air » pendant plus de sept ans. C'est encore comme ça que mon père l'appelle aujourd'hui. Pour lui, il restera à jamais « Nic-fesses à l'air, Nic-fesses à l'air, range ta grosse paire ». Ils ont même inventé une chanson pour lui.

Et maintenant, je serai Millie... « Millie-Mélo s'emmêle les pinceaux, fait tomber son plateau ». Ça me collera à la peau toute ma vie. Même quand j'aurai quarante-trois ans et que je vivrai...

Respire, Millie, respire. Je ne trouve rien de mieux à faire pour le moment.

C'est dans des moments comme celui-là que ma mère fait irruption dans mes pensées et me fredonne que tout va bien, comme un refrain. C'est ce qu'elle faisait dans la vraie vie, et c'est ce qu'elle fait dans mon cerveau quand j'en ai besoin.

Je commence à reprendre mes esprits. Je jette ma deuxième assiette, car la nourriture a refroidi. Je ne suis pas très fière de bouder le plateau de Bradley, mais je n'ai plus d'appétit. Si j'ai perdu le goût, je n'ai pas perdu la vue, et je constate qu'Erin est collée à Danny et qu'ils gloussent ensemble. Je devine quelle sera la suite.

#bonvoyage

Sur le chemin du retour, Lauren consulte son téléphone.

– Tu es sur Mr Style Shame, Mills. Mais c’était inévitable de toute façon. N’importe qui à la cantine a pu lui envoyer cette photo. Et elle n’a pas beaucoup de likes.

Je ne sais pas quoi penser de tout ça.

– Fais voir le compte d’Erin, Lolo.

– Millie ! Elle a plus de 9 000 followers, maintenant ! Et il y a plein de photos d’elle avec Danny. Ils ont l’air de s’apprécier.

Je dois encaisser ça, en plus. Je fusille Lauren du regard.

– J'ai vu, merci.

– Oh ! Elle a aussi posté une photo de ton plateau renversé et de toute la nourriture éparpillée ! Mais son commentaire est super sympa, regarde ! Pourquoi fait-elle ça ?

Je lis ce qu'Erin a écrit.

Ça ne vous fait pas chaud au cœur quand vous voyez que deux personnes sont faites l'une pour l'autre ? Aujourd'hui à la cantine, une fille a trébuché et renversé son plateau, et un garçon charmant a volé à son secours. #amourdecantine #geeklove. C'est beau de voir que des gens qui ont du mal à se faire des amis peuvent s'entraider dans les moments difficiles #help #solidarité

– Tu vois, commente Lauren, c'est super gentil.

Elle n'a pas compris la perfidie sous-jacente de ce post.

– Tu trouves ça gentil de prétendre que quelqu'un a besoin d'aide parce qu'il est moins chanceux que toi ?

– Je t'ai déjà entendue tenir ce genre de propos, rétorque Lauren.

C'est vrai, mais ça n'a rien à voir. Erin est un génie de perversité. Elle fait en sorte d'avoir l'air bienveillante, mais c'est pour mieux m'enfoncer. Et la preuve, c'est que les gens ont ponctué avec des émoticônes morts de rire et des « cassos ! » dans les commentaires. Mais ça ne sert à rien de répondre, si je m'en prends à elle, c'est moi qui passerais pour la méchante.

Lauren a beau voir que je suis découragée, elle se comporte durement et bizarrement.

– Pourquoi tu ne ferais pas une vidéo sur le fait que se prendre une gamelle n'est pas la pire chose au monde, même si ça y ressemble beaucoup sur l'instant ? Tu dois vraiment surmonter ça, Mills, c'est quand même pas la mer à boire.

Elle ne comprend pas que ma vie est un désastre. La seule chose à laquelle j'arrive à penser, c'est que le monde se divise en deux catégories : ceux qui se moquent de moi et ceux qui ont pitié de moi.

– Allez salut Millie, j'espère que ça va aller.

Je pensais ma meilleure amie capable de me remonter le moral, mais elle se dérobe.

Quand j'arrive chez grand-père, je jette mon sac sur le canapé et m'écrase telle une giclée de sauce tomate depuis l'assiette de pâtes de tata Teresa. Elle mange comme un cochon.

Incroyable. Papa est à la maison et il a remarqué que je n'étais pas en forme.

– Que se passe-t-il, miss Mills ?

Au ton qu'il emploie, il doit penser qu'il s'agit d'une broutille. Inutile de lui parler de ce qu'Erin a fait. Il ne comprendrait pas et se contenterait de baragouiner quelque chose de gentil mais de parfaitement inutile. Alors je lui raconte que je suis tombée à la cantine et que ma nourriture s'est répandue partout.

Il ne rit pas, et n'a pas non plus l'air de penser que j'ai été stupide. Il me regarde et soupire :

– Tu as dû te sentir très mal à l'aise.

Ce qui est vrai, mais dans un sens, je préférerais qu'il me conseille : « N'en fais pas toute une montagne, Millie ! C'est juste une chute » ou « Ressaisis-toi et fais avec ! » comme le ferait maman.

Mais papa n'est pas comme maman. Il est gentil d'une autre façon qu'elle. Plutôt dans le genre compréhensif. Je n'arrive pas à croire que je refuse qu'on soit compréhensif avec moi. Qu'est-ce qui m'arrive ?

Mais c'est papa qui est là, et je dois en parler avec lui.

– Tu m'as parlé de ce Nicolas Clarkson, et de la fois où il a perdu son slip de bain, et pourtant ça fait plus de vingt ans ! Je peux même te chanter la chanson que vous avez composée sur lui.

Papa me coupe :

– Je l'ai charrié là-dessus, c'est vrai. Mais tu sais ce qu'il fait maintenant ? Il développe des applis et des logiciels informatiques, il conduit une Porsche et part en vacances à la Barbade deux fois par an. Je pense que sa mésaventure à la piscine vieille de deux décennies ne lui fait ni chaud ni froid. Aujourd'hui, il nage tout nu dans sa propre piscine, et c'est son choix. Personne ne se moque de lui. C'est lui qui se moque de nous. La vie est un marathon, Millie. Pas un sprint. Et dans ce marathon, c'est lui qui a gagné sa place sur le podium et la médaille d'or. Moi, je n'ai toujours pas dépassé le troisième kilomètre et, en prime, j'ai un point de côté. Je tourne en rond en essayant de joindre les deux bouts. Je ne te vois pas grandir, même si tu vis ici. J'ai tout foiré, Millie...

Papa a l'air dégoûté. Le pire, c'est qu'il a raison, dans un sens. Il vit toujours avec son père et sa sœur, et je ne l'ai pas vu pendant un bout de temps. Puis je me souviens de ce que m'a confié grand-père. Papa est drôle et gentil. Il est doux avec moi. Et il s'entend bien avec maman.

– Tu n'as pas tout foiré, papa. Je te trouve super, moi.

Je le prends dans mes bras. Il a fait ressortir mon côté raisonnable, capable de résoudre des problèmes en tout genre. Je me sens mieux.

– Oh ne fais pas attention à ton vieux père. Ta présence nous comble et je suis fier de toi. Tu ne finiras pas comme moi. Tu es intelligente, Millie. Tu as la beauté de ton père (il me fait un clin d'œil), et l'intelligence de ta mère. Si j'étais toi, j'oublierais cette histoire de chute. C'est un tout petit incident de rien du tout, et ta vie est nettement plus intéressante que ça, tu ne crois pas ?

Il me tapote le dos et s'exclame :

– Alors jeune fille, qu'est-ce que tu veux manger ce soir ? Des frites ? Des frites ! Des frites ! On se fait des frites, Millie. On va réhabiliter la frite comme quelque chose de positif dans ton esprit. Réhabilitons la toute-puissante pomme de terre frite et rappelle-toi que la friture est ton amie !

Les cris de papa ont attiré grand-père.

– Mais qu'est-ce qui se passe ici ? maugrée-t-il. Pourquoi vous braillez ? C'est à ça que vous en êtes réduits ? Excités comme des puces à l'idée de manger des patates ?

Papa rigole et se met à danser autour de grand-père.

– Oui ! Oui ! Exactement ! Des frites ! Des frites ! De bonnes frites bien grasses !

– Pauvre fou ! s'exclame grand-père, ce qui nous fait rire de plus belle, papa et moi.

Je me sens mieux et j'ai repris confiance en moi.

– Je peux t'emprunter le cabanon, grand-père ?

– Je m'apprêtais à aller m'y réfugier pour m'éloigner de cet asile de fous, mais tu peux y aller. Je ne peux plus leur échapper, mais toi tu as encore une chance.

Cette conversation avec papa m'a fait du bien. Pourquoi donne-t-on tant d'importance à des choses aussi futiles ? On ne devrait pas. C'est comme si tout prenait des proportions démesurées. Et je tiens à partager ça avec les gens, leur expliquer qu'on peut perdre son slip de bain et réussir sa vie malgré tout. Bon, je ne vais pas leur dire ça comme ça, mais plutôt leur rappeler que nos petites gaffes sont sans importance. Et qu'Erin, avec son jean élimé-juste-comme-il-faut et son extraordinaire capacité à se montrer odieuse sans avoir l'air d'y toucher, peut se crasher avec sa connexion Wi-Fi. Et elle ne pourra plus rien télécharger !

Bon, je ne tiens pas à ce qu'elle se crashe pour de vrai.

#lespiedssurterre

Je positionne la caméra. Je suis prête. Je n'envoie pas de message à Lauren puisqu'elle s'en fout, apparemment. Allez, je me lance.

Salut, ici Millie Porter, déjà de retour. Merci pour tous vos commentaires ! Enfin... merci pour les sympas. Les autres... peu importe.

Aujourd'hui dans #help, on va parler d'humiliation publique et comment faire face à tous ces moments où il nous arrive un truc catastrophique devant tout le monde. Si vous fréquentez le même établissement que moi, vous savez déjà ce qui m'est arrivé aujourd'hui.

Mon chat superstar

Pour faire court, je venais de récupérer mon plateau-repas des mains de Marie, la dame de cantine, celle qui a de magnifiques dreadlocks. J'étais en train d'admirer le rose de ses racines et le violet de ses pointes tout en parlant avec Lauren, ma meilleure amie. Et là, je me suis plus ou moins emmêlé les pieds et j'ai retapissé le sol de mes frites, ce qui, vous en conviendrez, était plus qu'embarrassant. J'en profite pour remercier Lauren et l'adorable Gracie qui m'ont aidée à me relever et ne sont pas restées les bras ballants à me regarder, à rire, applaudir ou je ne sais quoi encore. Gracie, non seulement tu te maquilles les yeux mieux que quiconque, mais tu es vraiment quelqu'un de bien. Merci. Merci aussi à Bradley pour l'assiette de frites de substitution.

Bien sûr, des photos ont circulé sur les réseaux, et c'est dur à encaisser. Vous savez quoi ? Je suis dégoûtée, mais...

Non rien. Je suis vraiment dégoûtée.

J'ai pensé un instant à investir dans un passe-montagne puis j'ai réfléchi. Toute cette histoire pour quelques frites tombées par terre ? La belle affaire ! Qui est-ce que ça dérange, franchement ?

Je hausse le ton.

Des frites par terre !!! Si une mouette était entrée dans la cantine, là j'avoue ça aurait été comique, mais des frites, sérieusement ? J'en ai assez que le moindre de mes faits et gestes soit scruté et disséqué par des gens à l'affût d'un faux pas de ma part. Je le clame haut et fort : arrêtons de suivre les comptes Instagram du type Mr Style Shame qui affichent les gens et les humilient. Ignorons-les. Ce n'est quand même pas la fin du monde de se prendre un gadin ! Nos petites chutes et nos petits ratés font partie de la vie et sont sans importance ! Et pour vous le prouver, je vais tomber de nouveau !

Et je me vautre méchamment. Quelle crétine... mais au moins je vais au bout de ma démarche.

Aucune frite n'était impliquée cette fois mais vous aurez compris le message.

Et si ça vous arrive, inutile de vous cacher. Vous n'avez pas à ressentir de gêne ni de honte. Vous êtes tombé, vous avez renversé des frites. On s'en fiche ! Vous n'avez fait de mal à personne. Vous perdez le contrôle de la situation, et alors ?! C'est normal de faire tomber son repas. Vous n'avez pas à en rougir.

Autre chose. Les photos des gens qui mangent... Personne n'est glamour en mangeant. Ma tata Teresa m'a fait un sandwich au fromage, et je vais le manger.

Faites ce que vous voulez. Ne vous gênez pas. C'était Millie pour #help. Merci. Bonne nuit, et n'ayez jamais honte de vous !

Et je mords goulûment dans le sandwich avant d'éteindre la caméra.

Honnêtement, je ne suis pas très à l'aise avec l'image que je renvoie. Même si j'ai décidé d'être authentique dans ma démarche, ça ne me ressemble pas vraiment. On ne peut pas tout montrer de soi. D'après grand-père, il ne resterait plus rien sinon.

Je me rends compte que ce n'est pas la même chose quand Lauren n'est pas là. Ce n'est pas aussi drôle, ni aussi bon. Lauren, c'est ma meilleure supportrice.

Je lui envoie un message pour l'avertir que j'ai mis une nouvelle vidéo en ligne. Je vois qu'elle a lu mon message, mais elle ne me répond pas. C'est quoi son problème ? Elle ne se sépare jamais de son téléphone, elle l'a toujours à la main. C'est...

Oh, bon sang. C'est maman.

Elle est dehors et elle m'appelle. Qu'est-ce qu'elle fait ici ? Ça sent à nouveau les ennuis. Elle n'a aucune raison de traîner dans le coin à cette heure si ce n'est pas le cas.

#mamanfâchée

Papa se cache. Il a arrêté sa chanson sur les frites parce qu'il voit bien que maman n'est pas de bonne humeur. Il me lance un coup d'œil quand je passe dans le couloir et fait mine de se trancher la gorge de la main. C'est notre code secret « Elle est prête à tuer quelqu'un » pour signifier que maman est super énervée.

Tata Teresa décrète que son camion de glaces a besoin d'un entretien d'urgence (c'est vraiment le cas d'ailleurs). Même grand-père part se réfugier dans le cabanon. Et pourtant il a servi dans la marine, mangé des omelettes d'insectes dans la jungle et parcouru trente-deux kilomètres avec un sac à dos rempli de briques, à l'époque !

C'est que maman peut être terrifiante. Magnifique, mais terrifiante. Ce qui est pratique quand tu as sept ans et que ton institutrice te fait jouer un arbre dans la pièce de théâtre de l'école plutôt qu'un berger parce qu'elle estime que « c'est un rôle pour un garçon ». Et c'est chouette de voir ta terrible mère débarquer à l'école tel un ouragan pour manifester son mécontentement, et que, suite à cela, tu te retrouves avec un bâton de berger à la main et que Kyle Turner endosse le rôle de ton mouton. C'était fantastique. Mais, aujourd'hui, ce n'est plus trop ça.

Maman prend sa voix très tranquille de psychopathe. Elle ne perd jamais son sang-froid. Elle est raisonnable. À part la foi où elle a jeté un blender à travers la cuisine, elle a toujours été un modèle de self-control. Pas boloss pour un sou, toujours au max de l'excellence.

Elle me dévisage.

– Millie, il faut qu'on parle. J'ai peur que tu dévoiles trop de choses de ta vie sur la toile. Pourquoi est-ce que tu partages tout ça avec des inconnus ?

Pourquoi tu ne m'en parles pas ? C'est pour ça que je suis là !

– Maman ! (Je me sens très sûre de mon coup.) Je ne veux pas me disputer avec toi à ce sujet, mais le thème principal de mon vlog, c'est l'honnêteté. Je voulais faire quelque chose de différent en essayant d'être authentique et...

– Je t'arrête tout de suite. As-tu pensé aux conséquences que cela implique ? Écoute, Millie, tu es très mature pour ton âge, et tu l'as toujours été. Je ne cherche pas à te prendre de haut. Je suis fière que tu essayes d'aider les gens. Mais je suis ta mère, et mon boulot consiste à te garder en bonne santé physique et mentale. J'ai lu certains commentaires laissés par ces gens, et ils sont horribles. Horribles. Et quand je pense que ma petite fille lit ce genre de choses, eh bien... Je ne sais pas qui ils sont, mais je ne veux pas que tu les fréquentes de près ou de loin. Et ne me réponds pas que ça ne te touche pas. Je te connais.

Bien sûr que ça me touche. Qui ne serait pas sensible à ça ? C'est terrible.

Maman est sur le point de fondre en larmes.

– Ma petite fille...

Je saisis l'occasion pour m'expliquer :

– Maman, tu m'as dit que je ne devais jamais m'arrêter de faire ce qui me semble juste sous prétexte que certains vont se moquer de moi. Tu m'as toujours soutenue, c'est pour ça que je suis devenue un berger au lieu d'un arbre. Et, à présent, je peux combattre des trolls !

– Mais tu ne devrais pas avoir à le faire ! hurle-t-elle pour de bon. J'ai failli m'inscrire sur YouTube moi-même. J'allais ouvrir une chaîne qui se serait appelée « La maman de Millie » pour m'en prendre à tous les crétins qui ont écrit des choses méchantes sur toi. Tu es très douée, Millie. Tu es drôle et tu présentes bien. Et, en effet, tu n'as pas besoin de maquillage. Tu peux en mettre si tu as envie de changer de look, mais sinon tu n'en as pas besoin. Arrête YouTube, Millie, s'il te plaît.

– Je peux y arriver !

– Tu en es vraiment sûre ? (Elle chuchote à présent.)

Je regarde maman et je commence à pleurer. C'est monté d'un coup. Les insultes. Les noms d'oiseaux. Les frites. Lauren qui me fait la tête.

– Tu vois, me dit maman en me prenant dans ses bras. Ce ne serait pas arrivé si tu vivais encore avec moi.

Ça, ça m'énerve.

– Oh maman ! Rien de tout cela ne serait arrivé si je vivais encore avec toi pour la simple et bonne raison que tu veux que je fasse tout comme tu l'entends. Ce n'était pas que la faute de Gary ou de Mc Whirter, c'était la tienne aussi. Même si je ne faisais jamais rien de stupide, il fallait toujours que tu me dictes ce que je devais faire ou ne pas faire.

C'est un peu injuste de ma part, mais je ne me sens pas l'âme d'une justicière, ce soir.

Maman soupire.

– J'ai peut-être été un peu sévère, mais je suis tellement fière de toi. Ce monde est dur, Millie ! Très dur. Tu devrais arrêter ton vlog quelque temps, c'est la meilleure chose à faire.

Je n'en reviens pas moi-même, mais j'acquiesce :

– OK. Je vais y réfléchir.

Maman me prend à nouveau dans ses bras et me remercie.

Elle s'en va. Papa sort de sa cachette.

Quand je retourne dans ma chambre, je constate que Danny m'a laissé un message.

Je suis désolé pour tes frites. Mais ce qui est sûr, c'est que tu tombes avec beaucoup de grâce. J'ai hâte de voir quelles solutions tu proposes dans ton vlog pour se sortir d'une pulvérisation accidentelle de nourriture ☺

Danny est vraiment gentil. Il essaye de me faire rire, comme un vrai ami.

Je lui réponds.

J'arrête #help ☹

Il répond immédiatement.

Pourquoi ? Est-ce que tu vas faire une annonce officielle ?

À cause des trolls et du reste... Non. Je n'ai pas encore décidé de ce que j'allais faire.

N'abandonne pas à cause de quelques commentaires stupides, Millie. Tu sais bien que tu n'es pas moche ! Tous ces poissons chauves-souris avec leurs lèvres rouges, oui, elles sont moches ça c'est sûr. Mais pas toi.

C'est quoi un poisson chauve-souris ?

J'ai peur de sa réponse.

C'est ce poisson dont on dirait qu'il s'est mis du rouge à lèvres sans se regarder dans le miroir et qui a une lampe sur la tête. Trop moche pour tenir un vlog ! J'ai vu ça sur Animal Planet. Mon père était occupé à construire un contre-torpilleur et il n'y avait rien d'autre à la télé.

Il m'envoie une photo du poisson en question.

J'essaye de la jouer cool. Comme je ne sais pas quoi répondre, je n'écris rien. Pourquoi Danny me dit-il que je ne suis pas moche ? C'est bizarre.

Mon téléphone vibre. Juste au moment où je pensais que ma vie ne pouvait pas être pire, je reçois une notification. Une nouvelle vidéo d'Erin Breeler est en ligne. Il faut que je la voie.

#chatons

Erin Breeler est affublée d'un serre-tête à oreilles de chat. Elle est tombée bien bas, même si on est lundi.

Elle est extraordinaire à l'écran. Sa chambre est parfaitement rangée. L'imprimé marocain de sa couette s'accorde parfaitement à sa lampe. Sa coiffeuse est couverte de cartes et de photos. Tout a l'air parfait et pro. Elle penche la tête à sa façon et commence à parler.

Coucou ! Comment trouvez-vous mes oreilles ? Vous avez été nombreux à me réclamer une nouvelle vidéo. Et c'est avec un grand plaisir que je reviens vous parler de maquillage, de style et de mode, parce que c'est mon domaine. Vous venez ici pour fuir tous les trucs pénibles de la vie. Vous n'avez pas envie d'entendre parler de vos problèmes, ni de trouver des solutions pour les régler, comment faire face à une humiliation publique ou des choses de ce genre. Ici, on va parler des meilleures façons de se mettre en valeur et de se sentir bien, et surtout pas...

Elle se met à glousser de ce petit rire atrocement charmant et profondément diabolique.

... de la façon dont on se remet d'une chute...

J'éteins. Je ne tiens pas à en voir plus.

Mais, c'est plus fort que moi, je relance la vidéo.

Erin montre les différentes façons de nouer un foulard afin d'obtenir un sarong, une brassière, un turban ou une jupe. Elle montre aussi comment l'attacher de façon à obtenir un sac. Ensuite elle attrape une paire de collants et montre comment faire pour les lacérer à la perfection.

C'est un grand moment.

Cette nouvelle vidéo d'Erin est un triomphe du style, quand la mienne parle d'assiettes de frites qui tombent...

Elle a déjà presque le même nombre de vues que mon vlog de chat.

Finalement, ce serait une bonne idée de faire une pause avec mon vlog. J'aurais bien besoin de faire une pause avec les vlogs des autres par la même occasion. Raymond se blottit contre moi. Elle a beau être sauvage, elle comprend mieux que quiconque les effets néfastes de YouTube sur l'humeur de sa maîtresse.

#bienenveloppé

Le lendemain, au collège, Lauren n'est pas là. Elle est peut-être malade, ce serait pour ça qu'elle n'a pas répondu à mes messages.

Je suis toute seule, alors je fais comme Bradley. Je rase les murs. Et je ne m'approche pas des frites à la cantine. J'opte pour un wrap végétarien qui, s'il tombe, conservera tous ses ingrédients à l'intérieur. Ni le fromage, ni les poivrons, ni l'avocat ne se transformeront donc en missiles. Je m'apprête à mordre dedans quand quelqu'un s'assied à mes côtés.

Je suppose qu'il s'agit de Gracie. Je lui tends mon sandwich.

– Tu en veux un bout ?

Une voix toute canadienne me répond :

– Euh... non merci, mais c'est gentil de me le proposer.

Je manque de m'étrangler. Danny Trudeau est à côté de moi.

– Tu as fait preuve de prudence aujourd'hui. Le wrap bien costaud. S'il tombe, il tombe en un seul morceau.

Ma bouche et mon cerveau refusent de se coordonner. Je me contente de le regarder.

Il continue :

– Je réfléchissais à notre échange d'hier soir. J'aime bien #help, et j'aimerais que tu continues ton vlog. C'est... intéressant. C'est nouveau et différent. Je commence à me lasser de tous ces trucs de maquillage ou des vidéos un peu dingos de ces gars déjantés. Je trouve ça super que tu sois aussi authentique.

C'est exactement ce que pense Bradley. Il avait raison !

– C'est beau de vouloir aider les gens. Le monde est féroce. Ça fait du bien de regarder quelque chose qui fait rire, surtout quand on vient d'emménager dans un coin où on ne connaît personne. Tu sais, je suis persuadé que les dinosaures ont disparu parce qu'ils n'avaient pas la télé et sont morts d'ennui.

– Vraiment ?

C'est le seul mot que j'arrive à prononcer. Je dois avoir l'air particulièrement troublée.

Danny sourit.

– Ben ouais. Imagine que tu passes la journée à chasser, quand tu rentres dans ta grotte le soir, tu as juste envie de te poser et de regarder un truc.

Sur le moment je ne ris pas, parce que je ne saisis pas l'allusion tout de suite. Et puis je me souviens de ce vlog dans lequel j'arguais que les dinosaures étaient morts de ne pas avoir embrassé la cause féministe...

Je lance un peu précipitamment :

– Oh oui, ils auraient vraiment eu besoin d'une télé qui aurait diffusé un programme de télé-réalité mettant en scène une famille de brontosaures hyper glamour qui s'appellerait l'Incroyable Famille Godzilla ou un truc du genre.

Ce n'est pas censé être la blague du siècle mais Danny bascule la tête en arrière et éclate de rire. Il rit comme un dingue, tellement fort que tous ceux qui ne nous avaient pas encore remarqués, se tournent vers nous.

Erin aussi. Elle nous fixe méchamment.

Oh non, ne m'adresse pas la parole devant elle.

– Bref, reprend Danny, me sortant de ma torpeur, je trouve ton vlog super. Tu es super. Et j'ai beaucoup aimé ce que tu as dit à propos des gadins... comme quoi ce n'est pas la fin du monde. Bien sûr que non. Ce n'est pas grave de tomber. C'est la vie... On tombe, et on se relève.

Il n'est pas juste super canon, il est intelligent aussi. Et philosophe. J'ai une de ces envies de l'embrasser. Ici et maintenant. Mais au lieu de ça je lâche :

– Merci Danny. C'est... bien.

J'ai du mal à me concentrer parce que j'aperçois Bradley qui arrive vers ma table d'un air bougon.

Danny s'esquive rapidement et Bradley s'assied.

– Tu sors avec lui ?

– Non ! (Je crie tout en chuchotant.) Il voulait simplement me préciser que j'étais... super.

– Bien ! coupe Bradley.

Je dois le regarder d'un air étrange parce qu'il reprend :

– Je ne suis pas sûr que tu apprécierais de sortir avec un Canadien. Il va sûrement repartir dans son pays bientôt et je sais de source sûre que les Canadiens sont très... différents de nous. Ils doivent sûrement se cacher sous leurs feuilles d'érable et organiser leurs rendez-vous amoureux en forêt.

Si Bradley essaye d'être drôle, c'est raté.

– Il s'est montré super sympa. Il s'intéresse à mon vlog. Bon, je dois y aller, il faut que je demande à Gracie où elle a trouvé son mascara. Il tient trop bien ! Il ne coulerait pas, même en période de mousson !

Je sais que n'importe quelle conversation autour du maquillage peut tenir Bradley à l'écart. Et ça marche.

Je sors de la cantine. Alors que je m'apprête à tourner à l'angle du bâtiment principal, je suis stoppée par une grande et robuste silhouette, assez effrayante. Là, sous mes yeux, miroitent des lèvres pareilles à deux dangereuses pistes de ski olympiques et des dents aussi blanches qu'une crème glacée à l'azote liquide.

Erin.

– Millie Porter, il faut qu'on parle, toi et moi.

#affrontement

Erin penche gracieusement la tête comme elle sait si bien le faire et grogne. Elle chuchote, mais le message est clair.

– Tu te crois intéressante, mais ce n'est pas le cas.

Ma réaction est pathétique :

– Je ne me trouve pas du tout intéressante.

– Bien sûr que si, murmure-t-elle. Mais tu n'es rien du tout. Mon vlog a déjà eu des milliers de vues. Personne n'a envie de te voir nous donner des conseils. Pour qui tu te prends ?

Je suis furieuse.

– J'ai eu beaucoup de vues, moi aussi. Et je sais que tu as regardé mes vidéos étant donné ce que tu as posté sur ton Instagram. Et j'estime que tu m'as trollée comme c'est pas permis.

Elle incline sa tête dans l'autre sens, et le résultat est tout aussi glamour. On devrait être en train de s'affronter en duel, mais elle rend la chose impossible.

– Je n'ai rien à voir avec ce troll, grogne-t-elle. Je n'ai pas de problème à te balancer en face ce que je pense de toi. Tu sais ce que les gens racontent sur toi dans ton dos ? Que tu es chiante à mourir ! Une vraie cassos. Tu penses vraiment que ne pas porter de maquillage est un truc hyper novateur et fait de toi une vraie rebelle ? Ce n'est pas avec ça que tu vas changer le monde et gagner un prix, Millie. C'est du déjà-vu. Et d'autres le font mieux que toi.

Je perds du terrain.

– Je sais. Tout ce que j'essaye de faire, c'est d'aider les gens parce que je suis chiante et raisonnable, Erin ! Et te fréquenter m'a beaucoup appris sur ces crétins imbus d'eux-mêmes qui prennent plaisir à bousiller la vie des autres.

À cet instant, Erin parachève sa transformation en méchante reine Disney et déclame :

– Je peux te détruire. Ne l'oublie jamais. Laisse ça aux gens qui maîtrisent leur sujet et qui ont des choses à dire. Laisse Instagram à ceux qui souhaitent donner une meilleure image de ce monde plutôt que le contraire. Pour faire court, Millie Porter : arrête de geindre, va te faire voir, et disparais !

Elle n'a pas fini.

– Oh, et ne crois pas une seule seconde que Danny s'intéresse à toi. On va au bowling après les cours, cette semaine. Tu lui fais pitié, c'est un gentil garçon et il a de la peine pour toi. Il n'est pas attiré par toi. Les garçons comme lui ne sortent pas avec des filles comme toi. On n'est pas dans un mignon petit conte de fées où le beau gosse tombe amoureux de l'intello. Ton happy end, ce sera avec le blaireau des ascenseurs. Tu pourras passer ton temps à presser des boutons et à enclencher le signal d'alarme par erreur. Trop bien !

Je me creuse la cervelle pour essayer de trouver quelque chose à dire, mais sans succès.

Elle s'éclipse.

Je reste prostrée comme le poisson rouge que Raymond avait attrapé un jour et qui gigotait tristement en agonisant à la recherche d'un peu d'air. Erin a fait mumuse avec moi comme Raymond avec ce poisson avant de l'oublier près du micro-ondes en attendant que quelqu'un fasse le ménage.

Je suis anéantie.

Je viens de subir une attaque de grande envergure.

Je dois me replier. Maintenant.

#fuite

Je me retranche vers le Coin Zen. Mon cœur s'emballe comme si je venais de vivre une situation d'extrême horreur. J'ai trouvé ça sur Google. Même s'il est peu probable que je meure de cette attaque d'Erin, je ressens les mêmes sensations. Je m'asperge le visage d'eau et respire profondément. Ensuite je pars m'enfermer dans un cabinet et je pleure toutes les larmes de mon corps. Je dois ressembler à un de ces poissons chauves-souris avec leurs bouches toutes rouges.

Mais où est Lauren quand j'ai besoin d'elle ?! Elle a dû choper un rhume, alors que moi je pète les plombs.

En sortant, je constate que Bradley est là, à m'attendre.

– Tu as besoin de papier toilette, Millie ?

– Non merci, ça ira, dis-je en reniflant. Comment savais-tu que j'étais ici ?

– J'ai deviné, murmure Bradley. Tout le bahut ne parle que de ça. Il y a une photo de toi et Erin qui circule. C'était juste un Snap à la base, mais quelqu'un en a fait une capture d'écran. Erin avait un sbire en embuscade qui attendait le bon moment pour mitrailler. C'était un piège, elle a tout manigancé.

– Ça craint à ton avis ?

Je n'ai pas tellement envie d'entendre la réponse.

– Non ça va, on vous voit juste en train de parler.

– On n'était pas juste en train de parler. Elle m'agressait, littéralement.

– Ce n'est pas étonnant, Millie ! Tu as un succès fou en étant toi-même et tu attires l'attention. Les attaques sont aussi des marques de succès !

Je renifle encore. Je ne m'arrête plus de pleurer.

– J'ai l'impression d'être la personne la plus stupide au monde et de ne pas avoir une once de bon sens.

Bradley me sourit et me prend dans ses bras. Ça me fait un bien fou, étonnamment.

– Non tu n'es pas stupide. Imagine que j'ai porté mon pantalon à l'envers toute la matinée avant de m'en apercevoir. Maintenant, tout le monde sait que ma mère achète mes fringues à Carrefour et que je m'habille en taille 16 ans.

Ça me fait sourire, ça me fait penser à Lauren. Lolo est une reine. Elle est douce, drôle et gentille, et malheureusement parfois victime de sa naïveté. Personne ne peut la remplacer.

Pourquoi ne répond-elle pas à mes messages ? Elle me manque.

– Allez Millie, reprend Bradley. Ne lui montre pas qu'elle t'a fait du mal.

Je le regarde.

– Ce dont j'ai besoin là, maintenant, c'est d'un concombre. Pas pour faire peur aux chats, mais pour atténuer les poches autour de mes yeux. Ou de sachets de thé. On en trouve plus facilement que des concombres dans la vie de tous les jours, et notamment au collège.

Et là, je ne sais pas ce qui me passe par la tête, mais c'est prégnant et urgent. Dans un mélange de confusion et d'assurance, j'embrasse Bradley Sanderson sur la bouche. Et juste quand il passe son bras autour de moi, je le repousse.

Bradley est tout rouge, mais il a l'air ravi.

J'embraye rapidement :

– Ou alors, je devrais peut-être porter mes énormes lunettes de soleil, toute la journée, mais tout le monde penserait que je cherche à me cacher après un scandale.

– Eh bien... tu es toi-même, Millie.

Il a raison. Tout le monde ne va parler que de ça pendant des mois. Du jour où Erin a écrasé Millie Porter sous son talon. Ça va entrer dans les annales. Je parie qu'Erin est déjà en train de réfléchir à la statue qui ornera l'endroit où s'est déroulée cette scène funeste. Je serai à jamais coulée dans le bronze et...

OK, là je suis en train de délirer. Mais, quand même, ce n'est pas rien. Et au fait, pourquoi diable ai-je embrassé Bradley Sanderson ?

#rebondissement

– Tu ne dois pas la laisser gagner !

À la fin de la journée, je téléphone à tata Teresa et lui raconte tout – en dehors de l'épisode Bradley.

– Tu veux que je lui en touche deux mots, Mills ?

La vision furtive de tata Teresa débarquant à l'école à bord de son camion de glaces et balançant un cône géant en plein dans la face d'Erin me réjouit un peu, je dois l'avouer.

Pendant que j'écoute ma tante déblatérer sur Erin, Gracie vient vers moi et me fait comprendre d'un signe de la main que je dois ranger mon téléphone *illico presto*.

– Millie, je ne sais pas trop comment te dire ça et s'il te plaît ne dis à personne que ça vient de moi, mais... Erin raconte à tout le monde que tu t'en es prise à elle. On vous voit vous disputer sur Snapchat, et tu as l'air très en colère. On a vraiment l'impression que c'est toi qui lui tombes dessus et qui l'agresses. Regarde !

En effet, j'ai des yeux de tueuse sur cette photo. Moi qui pensais avoir l'air d'une pauvre petite chose pendant ma confrontation avec Erin... Bradley était complètement à côté de la plaque quand il affirmait qu'on avait juste l'air de discuter. Je ressemble à un guépard qui lorgne sur une gazelle avant de lui sauter à la gorge, puis de la mettre en pièces et de la dévorer sous l'œil d'un caméraman chaud bouillant.

– Ce n'est pas très flatteur, en effet.

Je n'en reviens pas de la capacité de cette fille à tourner les choses en sa faveur.

– Qu'est-ce que je dois faire ?

Gracie me répond, très calmement :

– Rien, Millie. Tu ne peux pas te mesurer à elle. Tu ne peux pas la battre. Elle est extraordinaire. (Gracie se reprend :) Odieuse certes, mais extraordinaire.

Je jette un coup d'œil vers un coin des cloisons démontables de notre salle de classe. Cela fait une éternité qu'on a cours dans ces bâtiments, alors que c'était censé être temporaire. Erin est entourée d'un groupe de filles qui la réconfortent. Elle hoche la tête d'un air contrarié. Mais quand elle capte mon regard, elle m'adresse le plus narquois des sourires. Les requins avec des appareils photos qui tournent autour de leurs proies, ça existe déjà. Erin en fait partie. J'aurais voulu en parler à Bradley... si je ne l'avais pas embrassé.

#vengeance

À la maison, l'ambiance est meilleure. Papa et Teresa bougent leurs corps sur « *Groove is in the heart* », une vieille chanson. Grand-père, agacé, lève les yeux au ciel mais semble quand même impressionné par leur démonstration.

Raymond dort paisiblement sur une pile de linge parfaitement repassé. Comme elle fait sa mue en ce moment, elle a laissé un petit tas de poils sur un des pantalons en velours côtelé de grand-père. S'il voit ça, il va devenir dingue, alors j'emmène ma chatte dans la cour et je la brosse. Elle ronronne de plaisir et se frotte à moi, puis quand elle en a assez, elle me mord. Si les humains traitaient leurs coiffeurs de la sorte, ils finiraient en prison.

Gracie m'a envoyé un message :

Millie. Surtout ne flippe pas.

Ce qui signifie que j'ai de très bonnes raisons de flipper.

Mais regarde le compte Instagram d'Erin.

Mon sang ne fait qu'un tour. Erin a posté une très belle photo d'elle en noir et blanc sur laquelle elle affiche une mine attristée. C'est quoi ce truc avec le noir et blanc ? Ça donne un air sérieux et artiste à n'importe qui. Même Raymond, ma chatte badass, aurait l'air arty-branchée avec ce filtre. Erin a ponctué son post des hashtags #triste #départ #malheureuse et a écrit :

Ces derniers temps, j'ai été confrontée à de nombreuses médisances, sur la toile et dans la vraie vie. Aujourd'hui, quelqu'un m'a attaquée et dit que je ferais mieux de laisser ça à des gens qui maîtrisent vraiment leur sujet. Voyez comme je me sens mal. Je suis blessée. Vraiment blessée.

Je vais prendre mes distances avec les réseaux sociaux pendant quelque temps. Ce sera le meilleur moyen pour moi de faire le point. Et il en est de même pour mon vlog. Je m'étais lancée là-dedans pour le plaisir et je ne mérite pas d'être traitée de la sorte par certaines personnes. De plus, je dois me concentrer sur ma vie privée en ce moment. Je sais que beaucoup d'entre vous vont être déçus, mais tout le monde a ses limites, et moi, j'ai atteint les miennes. Je vous aime. Erin.

Je n'arrive pas à croire que les gens puissent tomber dans le panneau de cette victimisation grossièrement mise en scène. Toutes les horreurs qu'elle m'a balancées, elle me les attribue ! Jamais je ne dirais des choses pareilles. Ça ne me ressemble pas. J'aimerais bien, mais ce n'est pas le cas.

Les premiers commentaires sont tout bonnement incroyables :

Ne laisse pas les haters te rabaisser.

Balance les noms de tes harceleurs. J'irai m'en prendre personnellement à eux.

Après la mort de mon chien, ton compte Instagram est la seule chose qui m'ait redonné le sourire. Tu apportes de la joie à des millions d'entre nous. Ne t'arrête pas.

On dirait qu'elle rédige elle-même ses commentaires.

J'appelle Lauren. Toujours pas de réponse.

Pourquoi Erin cherche-t-elle à me faire passer pour une personne horrible et mauvaise alors qu'elle est elle-même à l'origine de tous ces problèmes ? C'est elle qui m'agresse et elle essaye de se faire passer pour la victime. Certaines personnes pourraient croire que je suis vraiment comme ça, et oui par « certaines personnes », je pense à Danny.

Danny...

Dans une telle situation, Danny me pousserait à faire un vlog. Et Bradley aussi.

Je vais faire une vidéo. Ça ne visera pas Erin directement, mais je vais évoquer le phénomène incontrôlable des gens qui utilisent les réseaux sociaux pour raconter n'importe quoi sur les autres.

Je dois faire quelque chose.

#catastrophe

Je suis seule avec Raymond dans le cabanon de grand-père. C'est le meilleur endroit où se réfugier, vu que dans la maison, les gens dansent, ou alors ils boudent parce qu'ils n'ont pas envie de danser.

Je ne suis pas tellement d'humeur à faire une vidéo, mais il le faut.

Salut, c'est Millie. Je ne suis pas au mieux de ma forme.

C'est le moment que choisit Raymond pour sauter sur mes genoux. Je pense qu'elle s'en veut de m'avoir mordue alors que je m'étais gentiment occupée d'elle.

Mon chat superstar

Aujourd'hui dans #help, on va apprendre à gérer les personnes qui mentent de façon éhontée.

Je suis en compagnie de Raymond aujourd'hui. Je me suis dit que vous deviez probablement vous demander ce qui me pousse à faire tout ça. Le fait est que j'ai du mal à accepter qu'on puisse me détester. Je fais comme si ça ne m'atteignait pas, mais c'est faux. Et c'est même une des pires choses que j'aie à affronter, car je tiens vraiment à ce que les gens m'aiment bien. Je sais que ça doit vous sembler pathétique, mais c'est la vérité.

En regardant Raymond, une idée me vient à l'esprit.

Je vous présente Raymond, mon chat. C'est une femelle mais elle s'appelle Raymond. Vous l'avez déjà vue dans certains de mes vlogs précédents. Raymond se fiche pas mal des autres et de ce qu'ils pensent. Elle fait ce que bon lui semble. C'est un chat, me répondrez-vous. Certes... mais nous pouvons nous inspirer de leur comportement. Certaines personnes détestent Raymond, la considèrent comme un gros sac à puces, une boule de poils menaçante, voire même, un pitbull dans un corps de chat. Les gens font toutes sortes de commentaires sur elle, mais elle fait sa vie sans s'en soucier.

Et c'est là où je veux en venir. Des gens sont venus me demander conseil sur l'attitude à adopter face à ceux qui racontent des choses horribles ou fausses à leur sujet sur internet. Et justement, cette semaine, il m'est arrivé quelque chose de cet acabit. Quelqu'un a tout simplement cherché à me faire passer pour une méchante sorcière alors même que c'est elle qui se comporte ainsi. Cette personne est mauvaise et – on peut le dire – assez stupide. Mais nombreux sont ceux qui boivent bêtement ses paroles. Je ne peux rien faire contre ça. Ce qui m'importe le plus, c'est que ceux qui comptent pour moi sachent vraiment qui je suis.

Malgré tout, c'est blessant. Ça fait très mal. Mais, dans ces moments-là, je regarde Raymond et je pense à cette fois où la voisine de ma mère l'a qualifiée de pire chat sur terre et accusée d'avoir mis sa siamoise enceinte jusqu'à ce qu'elle comprenne que Raymond est une fille et qu'elle n'est pas lesbienne. Raymond a encaissé l'insulte et continué à utiliser leur chatière pour chiper de la nourriture. Nous devons toujours rester nous-mêmes et continuer à ignorer les haters, et comme je vous l'ai déjà dit, parlez-en autour de vous. Je sais, je sais, ce n'est pas très fun comme conseil. Peut-être même chiant à mourir, mais plus sérieusement, les gens qui vous aiment et en qui vous avez confiance auront toujours une solution pour vos problèmes. Et mon meilleur conseil aujourd'hui sera celui-ci : comportons-nous davantage comme Raymond.

À cet instant, Raymond s'en prend à mon téléphone, ça la démangeait apparemment. C'est pourquoi j'ajoute :

Pas la peine pour autant d'attaquer des téléphones qui ne vous ont rien fait ou de vous vautrer sur des pantalons fraîchement repassés et d'y laisser vos cheveux. Et inutile de me réveiller sur les coups de 5 heures du matin en me marchant sur la tête pour avoir votre petit-déjeuner, on ne devient pas populaire comme ça.

Merci encore. C'est fini pour aujourd'hui. C'était Millie pour #help, même si en ce moment, je pense avoir besoin d'aide plus que quiconque.

Je pense avoir abordé l'essentiel, même si j'ai sous-entendu que les humains devaient se comporter en chats teigneux et légèrement cinglés.

Je diffuse quand même la vidéo. Au moins, j'aurai fait quelque chose.

Je fais un gros câlin à Raymond. Elle est peut-être pleine de puces, mais c'est une véritable icône pour les femmes d'aujourd'hui. Et pour les chats. Et peut-être même les chiens s'ils daignaient m'écouter.

#bffendétresse

Le lendemain, Lauren, ma bff, est encore absente. Pourtant, elle aime bien venir au collège, le mercredi. Et comme j'essaye d'éviter et Danny et Bradley, la journée n'en finit pas. J'en profite pour jeter un coup d'œil aux commentaires sur mon vlog. Ça tourne principalement autour de Raymond.

Raymond ☺☺☺

Trooop mimi ce chat

Vous avez besoin d'une térapie toutes les deux...

Écris au moins thérapie correctement si tu n'as rien de mieux à suggérer !

Quel est le problème avec les chattes lesbiennes ?

Ça reste de l'amour.

Je suis sur le point de répondre que je suis pro mariage pour tous, puis je me rappelle que de toute façon, les chats ne se marient pas. Ou alors si c'est le cas, nous ne sommes pas invités.

Quand je rentre à la maison, je tombe sur tata Teresa habillée à la mode victorienne en train de parler toute seule.

– Il se dit que si tu passes par ici la nuit, tu croiseras le fantôme d'un homme qui s'est noyé après avoir soigné un canard blessé. Ferme les yeux et tu l'entendras cancaner doucement... Oh coucou Millie ! s'exclame-t-elle quand elle m'aperçoit. Je m'entraîne ! Ton père et moi, nous participons à une balade fantôme.

– Je ne savais pas qu'il y avait des fantômes dans le coin.

J'ai l'habitude d'être désarçonnée par Teresa, mais là c'est vraiment bizarre.

– Il n'y en a pas ! Nous allons les incarner.

– Tu ne peux pas faire ça ! Ça doit être illégal !

– Bien sûr qu'on a le droit, Millie. Ça a déjà été fait. Pourquoi pas nous ? Nous allons vivre une légende. Nous allons créer la légende ! rugit Teresa.

Papa entre en trombe dans la pièce, déguisé en fantôme.

– Tu penses que ça ira ? demande-t-il à Teresa.

Je réponds à sa place :

– Non papa. Ça ne va pas du tout. Tu ne ressembles pas à un fantôme, juste à un drap.

– Figure-toi, petite maline, que je suis déguisé en Romain. C'est une toge. Je suis le fantôme de l'empereur César.

J'en ai trop entendu.

– Papa ! César n'a jamais vécu par ici !

Teresa rétorque, légèrement agressive :

– Millie, rien ne prouve que César ne soit pas venu passer des vacances ici. Et, de toute façon, des César, il y en avait plein.

– Le seul César qu'on connaisse par ici c'est la salade César.

Quand papa et Teresa sont comme ça, la seule chose à faire, c'est de les laisser.

Je suis montée dans ma chambre. Je pense à Lauren. Nous ne sommes jamais restées aussi longtemps sans nous parler. Et elle n'avait jamais raté l'école aussi longtemps, même quand elle a eu une conjonctivite. Je consulte tous ses comptes. Sur Instagram, elle a posté un mème avec un arc-en-ciel et une légende ridicule : « Il ne peut pas y avoir d'arc-en-ciel sans orage. »

Elle n'est pas dispo pour moi alors que je vis des moments compliqués, mais elle va quand même assez bien pour poster des arcs-en-ciel sur son Insta. Je me sens un peu... rejetée.

Je vérifie mon nombre de vues. Il y en a quelques-unes de plus, mais je n'ai pas de nouveaux abonnés. Et tous les commentaires ne tournent qu'autour de Raymond.

> Je vais changer mon nom en Raymond. Hommage.
>
> On veut plus de chat et moins de blabla.

Je déteste les gens qui sont persuadés d'être drôles et fins et qui ne sont ni l'un ni l'autre. C'est pénible.

Cher cerveau, pense à quelque chose qui te mette de bonne humeur. Pas à Bradley. Pense à Danny. Fais en sorte qu'il ne pense pas que je suis une peau de vache malgré le post d'Erin.

Je me remets à niveau sur le sujet du Canada. En gros, nous avons la même reine, mais c'est un plus grand pays et leurs glaces sont meilleures. Il y a aussi plus de choses susceptibles de te tuer au Canada, comme des serpents, des araignées et le virus du Nil occidental qui *grosso modo* fait exploser le cerveau. Et si vous arrivez à passer au travers, alors ce sont les ours qui vont s'en prendre à vous. La seule façon de les dissuader de vous attaquer c'est de faire semblant d'être mort et d'espérer tomber sur un spécimen vraiment stupide.

J'inspire profondément. J'essaye d'imaginer ce qui se passerait si ça devenait sérieux avec Danny. Je pense qu'on vivrait ici, je ne suis pas prête à affronter les ours. Ni les élans. Ils sont agressifs pendant la saison des amours. Je ne préfère même pas regarder des bestioles à bois s'embrasser à la télé. *Ne me fonce pas dessus si je tombe sur vous par mégarde alors que vous vous accouplez... Je ne le fais pas exprès, c'est un accident ! Tu peux continuer à embrasser ta copine caribou.*

Pourquoi est-ce que je parle à un élan imaginaire ? Vous voulez que je vous dise ? L'amour rend dingue.

Teresa entre dans ma chambre.

– Désolée, ne fais pas attention à moi, chuchote-t-elle. Nous avons besoin de quelques accessoires supplémentaires pour notre balade. Comment trouves-tu cette Barbie ? Assez flippante, non ?

– Elle n'a qu'un seul bras... donc oui, un peu.

– Ouais ! On va prétendre que c'est une poupée vaudoue qui a été utilisée au cours d'un meurtre rituel perpétré dans cette maison.

– Il va vraiment y avoir un meurtre d'une minute à l'autre si personne ne descend pour nettoyer le salon, s'époumone grand-père depuis le bas de l'escalier.

– Réponds-moi franchement, Millie, qu'est-ce que tu trouves le plus effrayant : une Barbie à un seul bras ou un Furby avec l'œil qui pendouille ?

– Pourquoi tu ne prends pas les deux ? Ça ferait un parfait Duo de la Mort.

– Millie ! (Tata Teresa se précipite vers moi et me serre contre elle.) De temps en temps, je capte en toi la flamme de notre esprit d'équipe, de notre joie de vivre, de notre...

Grand-père entre en trombe. La notion d'intimité n'existe donc pas dans cette maison ?

– Vous êtes de sacrés filous tous les deux. Ne te mêle pas à ça, Millie. Ces deux-là vont me faire passer l'arme à gauche plus vite que prévu.

Il se tourne vers moi.

– Auras-tu besoin de mon cabanon, aujourd'hui ? Pour ces trucs que tu fais sur ton téléphone, pour tes amis ?

– Non.

Et j'essaye de ne pas laisser paraître que je cherche à me cacher du monde entier.

Grand-père s'en va. Je peux être très forte quand il s'agit de faire croire que je vais bien alors qu'il n'en est rien.

Cinq minutes plus tard, alors que je savoure encore le fait d'avoir trompé grand-père, je reçois un SMS de maman. Elle communique beaucoup par SMS même quand elle est hors forfait. C'est le seul moyen de communication auquel elle accorde sa confiance.

Tu as d'autres choses à me dire, Millie ?

Je réponds :

Non, pourquoi ? Je t'aime. Bisous.

Ce à quoi elle réplique du tac au tac :

Comme ça, sans raison particulière. Il n'y a pas de problème. Je suis là si tu as besoin de moi. Je t'aime aussi. Gros bisous.

Je crois que maman a des dons de télépathie. Elle sait tout ce qui me passe par la tête. Ce qui est un problème, pour elle comme pour moi.

C'est comme la fusion mentale dans Star Trek. D'ailleurs, je suis parfois effrayée par la façon dont Bradley pénètre dans ma tête. Il est tout le temps là comme un petit ascenseur lumineux, qui monte et qui descend le long des étages de mon cerveau sans s'arrêter. En haut, en bas, en haut, en bas... Qui attend que je monte dedans et entre en contact avec lui.

Ce que je n'ai toujours pas fait depuis que nous nous sommes embrassés.

Il faut que je me calme, parce que dans le genre crétine égocentrique et imbue de sa personne, je me pose là. On n'a pas trouvé mieux depuis Erin et son ego pachydermique.

Peut-être que je me fais une montagne de pas grand-chose. Bradley a sûrement trouvé ce baiser un peu bizarre, lui aussi. Ce n'est pas moi qu'il aime, mais le fait que je trouve les Escalator intéressants. Sinon il aurait tenté quelque chose après que je l'ai embrassé. Ce qu'il n'a pas fait.

Quant à Erin, je me demande si elle a vu ma dernière vidéo. Je vérifie sur Instagram. Je suis quasiment certaine que oui.

Sa dernière photo est un superbe cliché d'elle et de ses amies, impeccablement cadrées et maquillées. Les pommettes d'Erin ont l'air d'avoir été ciselées dans le marbre. Pâles avec une pointe de rose... elles sont juste parfaites. Elle a l'air presque irréelle. Elle a probablement dû s'y reprendre à cinq fois pour obtenir un tel degré de perfection, mais ça valait vraiment le coup. En dessous, elle a écrit :

Je suis de retour ! J'ai décidé de ne pas laisser les haters triompher, et j'ai passé une merveilleuse journée. Je suis partie faire les magasins avec mes meilleures amies après les cours (eh oui ! j'ai plusieurs meilleures amies !), et j'ai reçu plein d'amour. Je vous montrerai ce que nous avons acheté, plus tard (je pense que vous allez adorer, mais pas d'affolement ! Je n'ai pris qu'une veste, mais qu'est-ce qu'elle est belle !). Je tiens à tous vous remercier pour votre soutien pendant cette période difficile. J'ai reçu tant de magnifiques messages du monde entier, m'encourageant à poursuivre mes activités. Et c'est ce que je vais faire. Grâce à vous, je me suis sentie adulée comme une superstar. Merci beaucoup. Jamais plus la jalousie des autres ne m'empêchera d'agir ou de parler. Je vous aime.

Là encore, rien ne m'autorise à me plaindre de quoi que ce soit. Et pourtant, le sous-texte est clair : « Dégage, Millie ! C'est moi qui ai le pouvoir, et les gens de mon côté. Si tu m'attaques, je trouverai non pas une, mais des centaines de façons de t'anéantir. »

Je me sens comme une grosse baleine échouée sur la plage des réseaux sociaux. Tout le monde viendra me voir pendant que je me débattrai à la recherche d'un peu d'oxygène. Certains auront de la peine pour moi, mais ils ne seront pas capables de me remettre à l'eau. Et, pendant ce temps, Erin se prendra en selfie, perchée sur une dune de sable, et on m'apercevra, gigotant misérablement en arrière-plan.

On ne peut pas dire que je sois dans un état d'esprit particulièrement apaisé sur quelque sujet que ce soit.

J'attrape mon téléphone et compose le numéro de Lauren. Et elle décroche... enfin ! Je lui raconte tout ce qui m'est arrivé, mais elle ne m'écoute pas vraiment. Elle ponctue de « ah ouais » et de « mmmh » qui ne m'aident en rien. Elle se comporte un peu en diva, et ça ne lui ressemble pas du tout.

– Il faut que je fasse quelque chose, tu comprends ? lui dis-je.

– Non, tu n'as rien à faire.

Là elle m'inquiète vraiment. Elle n'a pas conscience de la gravité de la situation.

– Lauren ! Tous mes abonnés vont attendre de moi que je contre-attaque !

– Je ne pense pas, Millie. Tu peux toujours faire une vidéo d'une minute du style « Comment réagir quand on est pris de court ? Eh bien, on encaisse, c'est tout. Merci. Au revoir. » Voilà ce que tu devrais faire.

Lauren a l'air fâchée. Elle est presque... méchante.

Tu penses que c'est aussi simple que ça ?

– Je pense, oui. Bon, Millie, j'ai des trucs à faire, je te laisse. À plus.

– OK, à plus.

Je suis dégoûtée, je me sens brisée à l'intérieur. Et quels sont ces trucs que Lauren a à faire qui l'empêchent de me parler?! Ce n'est vraiment pas cool de sa part.

Ou alors... Elle a été kidnappée et est retenue en otage, et elle ne peut pas me parler.

Peut-être que « trucs à faire », c'est un code pour parler des agissements de quelques extrémistes tarés qui ont décidé de faire de ce pays une zone dépourvue de YouTube ou dépourvue de Lauren, ou de je ne sais quoi d'autre.

Ou alors elle est fâchée contre moi. Même si je ne vois pas pourquoi. Je lui ai pourtant expliqué tout ce qui m'était arrivé avec le vlog depuis qu'elle a disparu.

Quoi qu'il en soit, que mon amie grossisse les statistiques des faits divers ou qu'elle soit brouillée avec moi, je ne peux pas rester assise à ne rien faire. Je vais faire un saut chez elle pour comprendre ce qui se trame. J'hésite à y aller avec des renforts, mais quand chez toi il n'y a que des vieux et des fantômes, il est préférable, comme le préconise grand-père, d'agir en cow-boy solitaire. Avec mon téléphone quand même, ça va de soi. On ne peut pas sortir sans téléphone, ce serait pure folie.

#mabffpèteunplomb

C'est terrible. On ne devrait jamais consacrer son mercredi après-midi à régler ses comptes. C'est donc une décision drastique que je prends, mais certaines choses méritent d'être réglées sans attendre. En arrivant aux abords de chez Lauren, je fais un peu de repérage. J'ai vu ça dans le vlog d'un détective privé, une fois. Ça permet d'évaluer le degré de menace et d'hostilité.

Le père de Lauren est en train de tondre la pelouse, ce qui me laisse penser que j'ai peut-être un peu dramatisé, mais j'ai bien fait de vérifier. On n'est jamais trop prudent.

Il ne peut pas m'entendre avec le bruit de la tondeuse. C'est bizarre, cette herbe n'a pas franchement besoin d'être coupée, mais on ne discute pas avec les jardiniers. J'ai appris ça avec grand-père.

Je rejoins Lauren au premier étage. Elle est assise sur son lit et m'accorde à peine un coup d'œil.

– Tiens, tu t'es souvenue de mon existence ?

– Lauren ! C'est quoi ton problème ? Pourquoi tu n'as répondu à aucun de mes messages ? Pourquoi tu n'es pas venue au collège ? Tu es malade ? Ce n'est pas cool de ta part.

Elle me jette un regard que je ne lui connais pas. Elle semble sur le point d'exploser. Puis elle ricane :

– Je suis très surprise que tu l'aies remarqué. Tu es tellement à fond sur ton vlog. Ou alors sur Danny. Ou encore sur Bradley.

Ah d'accord. Moi qui la pensais en danger, aux griffes d'un groupe terroriste. En fait, elle est tout simplement jalouse. Je suis furieuse.

– Désolée d'avoir à te dire ça, Lauren, mais ces gens comptent sur moi. Ils attendent des conseils de ma part, un peu de bon sens, un peu de...

Elle bondit sur son lit et se met à hurler comme un animal enragé.

– Moi aussi j'existe et j'ai besoin de toi ! Je t'ai aidée à faire de ce vlog ce qu'il est aujourd'hui ! As-tu seulement remarqué que je vis les pires moments de mon existence ces derniers temps ?! Mes parents sont en guerre. Je ne sais même pas où se trouve ma mère en ce moment. Mon père n'adresse plus la parole à personne et tond la terre. Oui, la terre ! Il a tellement passé la tondeuse qu'il ne reste que de la boue. C'est l'enfer. Et la seule chose qui compte pour toi, c'est ton nombre de vues. Tes vues ?! Mais tu te prends pour qui ? Pourquoi tu t'obstines ? Tu es complètement absorbée par ça, Millie. Toute ta vie ne tourne qu'autour de ta chaîne YouTube et de tes abonnés. J'étais heureuse de t'aider dans ce projet, mais c'est fini. Tu n'as pas besoin de mes conseils. Demande plutôt leur avis à tous tes amis ! (Elle fait des guillemets avec ses doigts à chaque fois qu'elle emploie le mot « ami ».) Ce n'est pas d'une meilleure amie que tu as besoin, mais d'une conseillère en relations publiques !

Ça me met hors de moi. J'ai toujours été là pour elle. Tout le temps. Un peu moins ces derniers temps, c'est vrai. Mais, apparemment, elle ne peut pas supporter l'idée que j'aie d'autres amis et d'autres centres d'intérêt, et que oui, plein de... enfin... des gens trouvent du réconfort grâce à mon vlog. Peut-être que je ne me suis pas assez intéressée à elle ces derniers temps, mais je lui en veux tellement de tout gâcher que je finis par lui hurler dessus à mon tour :

– Ça fait des années que tes parents se comportent comme de gros nazes. Rien de nouveau sous le soleil !

Je n'ai même pas fini ma phrase que j'ai conscience d'avoir dépassé les bornes en tenant ces propos affreux, et même plus qu'affreux. Mais je n'ai pas pu me taire.

Lauren a changé de couleur.

– Tu sais quoi, Millie ? Tu as raison. Oui, ils se comportent comme tels. Et tu m'as toujours soutenue. Tu m'as beaucoup aidée. Mais récemment, il n'y en a eu que pour toi. Ou Erin. Mais on s'en fout de ce qu'elle pense ! Et par ailleurs, la façon dont tu traites Bradley, c'est franchement...

– Franchement quoi ?

Et là, je tiens à entendre ce qu'elle a à me dire, car je suis sûre que ce sera la preuve qu'elle est totalement injuste envers moi, et que tout ça c'est parce qu'elle est hyper remontée contre ses parents. Dans ce cas, qu'elle s'en prenne à eux, pas à moi !

– Tu sais que Bradley craque pour toi ! s'écrie Lauren. Tu le sais ! Mais tu fais comme si de rien n'était et tu traînes avec lui pour qu'il t'aide avec ton vlog. Et si Monsieur Feuille d'Érable ne sortait pas déjà avec Erin Breeler, tu ne calculerais même pas Bradley ! C'est malhonnête de ta part !

Je ne peux pas laisser passer ça.

– Nous sommes amis, Lauren. Es-tu en train de me balancer que les femmes et les hommes ne peuvent pas être amis ? Désolée, mais ce n'est pas féministe du tout, ça ! Je ne suis pas responsable des sentiments de Bradley !

J'ai trouvé cette phrase dans un article en ligne, et je trouve que ça sonne bien. J'essaye surtout de ne pas penser au fait que je l'ai embrassé et que je n'en ai pas touché un mot à ma meilleure amie.

– Ça n'a rien à voir avec le féminisme, Millie ! C'est un comportement de garce. Tu ramènes toujours ça à des préoccupations soi-disant supérieures pour essayer de marquer des points ou d'avoir l'air cool, histoire de ne pas passer pour une pimbêche uniquement préoccupée par elle-même et son profil internet ! Je sais que je ne suis pas la seule personne au monde dont les parents se déchirent. Je le sais. Mais, à ce jour, je suis ta seule ex-meilleure amie dans ce cas. Je ne connais personne d'autre qui a été réveillée par les pleurs de sa mère en train de faire sa valise et de répéter « excuse-moi » sans s'arrêter. Ma mère est partie aujourd'hui. Elle a quitté mon père et la maison ! Mais ne t'en fais pas, je comprends bien que YouTube soit plus important pour toi.

Je me sens terriblement mal à présent. Je murmure :

– Pas du tout. Mais je ne lis pas dans les pensées ! Pourquoi ne m'en as-tu pas parlé ?

– Je n'ai pas pu placer un mot ! bafouille Lauren d'une voix entrecoupée de larmes. Et tu ne m'as pas demandé comment j'allais depuis une éternité. Je suis désolée qu'Erin ne soit pas très sympa avec toi. Et après ? Elle s'en prend à toi aujourd'hui, ce sera une autre demain. Et une autre après-demain. C'est comme ça qu'elle fonctionne, tu n'y peux rien.

Je réfléchis.

– Tu penses vraiment que je me suis mal comportée avec Bradley ?

Lauren lève les mains au ciel.

– Et voilà, on est reparties à parler de toi ! Accorde-moi une faveur, Millie. Va-t'en ! Sors d'ici ! Je ne te supporte pas en ce moment. Tu as complètement vrillé pour un éphémère moment de célébrité. Hashtag meilleure amie complètement inutile et à la ramasse.

Je me mets à pleurer. Lauren pleure de plus belle.

En partant, je constate que son père a passé la tondeuse sur le même carré de boue pendant tout le temps que j'ai passé avec elle. Il ne m'a pas vue arriver, et il ne me voit pas repartir. Lauren pourrait se faire enlever qu'il ne le remarquerait même pas. Et moi non plus sans doute. J'aurais été trop occupée à filmer ou mettre en ligne quelque chose.

Je ne sers à rien.

Hashtag meilleure amie complètement inutile et à la ramasse. Je n'aurais jamais pensé qu'on puisse penser cela de moi. Mais c'est probablement vrai. C'est vrai. Complètement vrai.

#escalade

Tout s'est emballé à vitesse grand V. Comme un Escalator devenu fou qui provoquerait des accidents parce qu'il aurait subitement accéléré sa cadence.

De retour dans ma chambre, la vie me semble complètement sinistre. Je suis une mauvaise fille avec ma mère, une amie inutile, je blesse de gentils garçons, je suis une mauvaise féministe ou alors une bonne mais qui serait mauvaise (j'ai du mal à trancher) et j'ai oublié de traiter Raymond contre les puces, et la façon dont elle se gratte me laisse penser qu'elle en a bien besoin.

Comment ai-je pu avoir le culot de me lancer dans un vlog de conseils ? Ma vie est sens dessus dessous. J'ai envie d'appeler ma mère mais ça me fait penser que je ne suis pas en bons termes avec elle non plus. Sa seule réponse à tous mes problèmes est de me proposer de rentrer à la maison. Je ne peux pas retourner là-bas. Pas à ce niveau de propreté.

Peut-être que je suis un peu cracra moi aussi.

Je me suis plantée dans à peu près tous les domaines. J'ai fait de la peine à tous les gens qui ont été gentils avec moi... et je me retrouve là, à observer tata Teresa déguisée en reine Victoria. Elle porte une robe à volants et a rembourré son derrière et son ventre avec de la garniture pour coussins.

– Salut Millie, ton père et moi, on aurait aimé que tu te joignes à nous et que tu prennes part à ce qui restera dans les annales comme la plus importante balade fantôme du pays. On voudrait que tu t'occupes de toute la partie réseaux sociaux. On a pensé que dans ton vlog, tu pourrais faire semblant d'avoir reçu le témoignage de quelqu'un qui aurait vu un fantôme. Et qu'ensuite tu viennes m'interviewer sur le sujet, que je donne des conseils pour vivre avec un fantôme chez soi, et qu'à la fin tu conclues en disant :

« Merci à Teresa, spécialiste des esprits frappeurs, qui organise la balade fantôme tous les mardis et jeudis à partir de 18 heures, facilités de paiement, et si vous réservez pour un groupe, on vous offre une canette de Coca. » Ce ne sera pas du vrai Coca, mais la sous-marque du supermarché qui est moins chère, mais ça, on ne le mentionnera pas, je pense.

Tata Teresa n'a pas remarqué que je venais de pleurer. Je me contente de répondre :

– Je ne pense pas que je vais refaire une vidéo avant un petit bout de temps.

– Bon d'accord. Mais par contre, pour la tournée, nous avons besoin d'une jeune fille qui jouerait le rôle de la petite fille aux allumettes qui meurt de froid dans des conditions atroces, parce qu'elle n'a pas de manteau.

– Ça s'appelle mourir d'hypothermie.

– C'est ça ! Donc en gros, la seule chose que tu aurais à faire, c'est de t'asseoir et de clamer des trucs du genre : « J'ai tellement froid » ou « Voulez-vous m'acheter des allumettes ? Si vous ne fumez pas, vous pouvez les utiliser pour allumer vos bougies parfumées ». Qu'en penses-tu ?

– Je ne crois pas qu'ils avaient des bougies parfumées à l'époque victorienne.

Ça me paraît complètement improbable, même si l'idée vient de Teresa.

– Peu importe ! s'excite-t-elle. Je te laisse improviser. Tu trembles un peu, tu peux gémir aussi. Ça sera lugubre à souhait, ajoute-t-elle en se tordant les mains d'un air hyper sérieux.

D'ordinaire, je me serais mise à crier : « Il n'en est pas question ! » mais ma bouche prend le dessus sur mon cerveau et articule un « oui ». C'est peut-être le moment pour moi de faire quelque chose pour les autres. J'ai tellement besoin de m'aérer l'esprit, que les fantômes me semblent une option parfaite. Et soyons honnêtes, avec mon vlog, j'ai atteint des sommets de ringardise. Rien ne pourrait être pire que ça.

– Promets-moi juste qu'aucune photo ne circulera sur internet d'une manière ou d'une autre.

Teresa détourne légèrement le regard.

– Je ne peux pas t'en faire la promesse absolue, vu que tout le monde dégaine son téléphone tout le temps, mais je vais demander aux gens de ne pas faire de photos de la petite fille aux allumettes car ça pourrait contrarier l'esprit qui l'incarne.

– Qu'on soit bien claires, Teresa, je ne fais ça que pour te rendre service.

– Je sais, répond-elle en me serrant dans ses bras. Et ça me fait très plaisir.

Ce n'est pas complètement la vérité. En me lançant là-dedans, je vais pouvoir faire le vide dans ma tête. Même si ça signifie jouer une petite vendeuse plus jeune que moi et qui meurt de faim dans sa robe vintage.

– Ah, et au fait, ajoute rapidement Teresa, on commence demain soir. J'espère que ça ira pour toi. Voilà ton plateau. Tout ce que tu dois faire, c'est y nouer des rubans que tu accrocheras autour de ton cou et faire semblant d'être malade. Essaye la farine sur le visage. Je m'en servais beaucoup, à l'époque, pour manquer l'école. Je t'amènerai ton costume. On se retrouve à 18 heures devant l'ancienne église qui a été transformée en appartements neufs, tu vois de quoi je parle ? En face de l'auto-école.

Elle disparaît en un rien de temps.

Si je crains une mort médiatique, je suis encore à l'abri de la vraie mort. Incarner une petite fille aux allumettes de l'époque victorienne qui meurt de faim devrait me rappeler que ma vie n'est pas si terrible que ça, même si à l'instant où je vous parle, elle me semble vraiment insoutenable.

Je sens mon côté raisonnable revenir doucement. Il serait donc encore là, caché quelque part !

#ghostbusters

Ce jeudi, je passe en mode coma social au collège. Je suis présente physiquement, mais pas mentalement. Lauren est toujours absente, et je connais assez d'endroits où me cacher pour éviter de croiser les garçons. Je passe l'heure du déjeuner au Coin Zen. Gracie s'est inquiétée de voir que j'y restais aussi longtemps. Je lui ai dit que j'avais fait une petite sieste.

J'étais contente de rentrer à la maison, jusqu'à ce que je tombe sur la tenue que je suis censée porter pour la balade fantôme.

Je n'ai pas vraiment le choix. Je m'habille avec cette vieille nuisette en dentelle et ce cardigan, et applique une préparation de pâte à crêpes sur mon visage. Je ressemble plus au fantôme d'un pancake qu'à celui de la petite fille aux allumettes. Et j'ai vraiment, vraiment froid. À ce compte-là, je risque de mourir pour de vrai. Teresa s'est assurée que je sois placée sur une artère passante. D'un côté c'est rassurant car je ne suis pas isolée, mais il y a un peu trop de gens qui me regardent. J'espère que ça ne va pas durer longtemps.

Alors que je pense sérieusement à rentrer à la maison, j'entends Teresa et les chasseurs de fantômes qui arrivent. Elle est en train de leur expliquer que l'église ne pourra pas être transformée en appartements tant qu'ils n'auront pas débarrassé l'endroit du fantôme plaintif d'une malheureuse petite fille aux allumettes morte de froid dans la cour.

C'est le signal. Je me raidis et commence à gémir à la manière d'une jeune fille très malade.

Teresa se tourne vers moi et déclame :

– Regardez la pauvre petite fille aux allumettes ! Voyez comme elle est vêtue de guenilles. Connaissez-vous sa terrible histoire ? Personne ne daignait lui acheter des allumettes, et elle est morte à cause de la cruauté de la société victorienne. Et aujourd'hui elle revient hanter ces appartements huppés pour rappeler aux riches de notre époque qu'avoir de belles lampes Ikea et le chauffage au sol c'est bien, mais que le plus important c'est d'être une bonne personne.

Je sais parfaitement pourquoi Teresa dit ça : elle est jalouse de ne pas pouvoir se payer un de ces appartements.

D'une voix très faible, je marmonne :

– Allumettes... Achetez mes allumettes... Achetez les allumettes d'une pauvre petite fille...

Alors que je chancèle à la manière d'une personne très mal en point, je remarque un visage familier derrière la foule des chasseurs de fantômes. C'est Danny. Il me décoche un regard et un sourire qui ramèneraient n'importe quel macchabée à la vie. Il est avec deux personnes qui doivent être ses parents.

Et Erin.

Et je suis déguisée en petite fille aux allumettes avec le visage barbouillé de pâte à crêpes.

J'ai sûrement connu des moments pires dans ma vie, mais je ne me souviens pas quand.

Je fais coucou à Danny. Il bondit vers moi, laissant en plan Erin et ses parents.

D'un air confus, j'articule un « Salut » du bout des lèvres.

Teresa me sermonne :

– Les fantômes ne saluent pas leurs amis du monde des vivants !

Mais alors qu'elle s'apprête à écarter Danny, un homme furieux, en costume, surgit depuis l'immeuble chic.

– Hep, vous là-bas ! Foutez le camp d'ici ! Les rumeurs que vous colportez pourraient faire chuter les prix de ma résidence d'au moins dix briques ! Du balai !

– Mais le trottoir est à tout le monde ! Et j'ai le droit de raconter ce que je veux aux gens ! rétorque tata Teresa.

– Ah bon ? Parce que ce n'est pas vrai ? demande quelqu'un dans la foule.

– Bien sûr que non, réplique le type en costume. Elle se fait de l'argent sur le dos de touristes crédules tels que vous !

Teresa se calme, puis lui rétorque :

– Ça, vous ne pouvez pas le prouver.

La foule commence à râler et à se disperser.

– Non... non ! s'écrie Teresa. Regardez ! Regardez la petite fille aux allumettes ! Elle va mourir si vous ne lui donnez pas des sous.

Les gens la fusillent du regard. Je lui demande :

– Pourquoi tu ne les as pas fait payer avant ?

– Je ne pensais pas que ma petite fille aux allumettes allait se mettre à discuter avec les clients !

Elle est furieuse. Je l'ajoute à ma liste des gens « qui n'apprécient pas beaucoup Millie en ce moment ».

Danny, qui est toujours là, ne peut pas deviner que je suis devenue toute rouge sous ma couche de pâte à crêpes. Il m'adresse un clin d'œil.

– Je peux vous acheter quelques allumettes, s'il vous plaît ?

– Qu'est-ce que tu fais ici ?

– J'aime apprendre des choses sur l'histoire de la société, connaître les anecdotes des endroits différents.

– Moi aussi. Par exemple, je sais exactement quelle est l'attitude à adopter quand on se fait charger par un élan furieux parce qu'on a reluqué sa fiancée.

– Comment ça ?

– Il faut courir !

Non seulement je fais preuve de sagesse dans mes décisions, mais je me trouve assez hilarante par la même occasion.

Par contre, j'ai l'impression que Danny se demande encore pourquoi je lui ai parlé d'élans.

Pourquoi est-ce que je lui ai parlé d'élans d'ailleurs ?

– Bon... on va euh... manger une pizza avec mes parents. Tu veux venir avec nous ?

Il est très poli mais c'est évident qu'il ne tient pas à ce que je vienne. Erin et moi. Ça ne va pas le faire.

– Euh... non merci. Il vaut mieux que je rentre à la maison vérifier que ma tante va bien.

Pas sûre que ma tenue de mendiante victorienne soit le look idéal pour aller manger une pizza margherita.

– D'accord, conclut Danny, reconnaissant. On fera ça une autre fois.

– Oui ! lui dis-je et je le salue de la main, ainsi qu'Erin. Elle ne me calcule pas, trop occupée à prendre des photos.

Au revoir, homme parfait. Les allumettes, les élans et le fait que je sois une personne inutile se sont imposés à nous. Mais c'était juste aujourd'hui. Le pire jour de l'Histoire. Un peu comme le dernier jour à Pompéi avant que le Vésuve explose. Je meurs sous une lave de honte et on retrouvera mon corps fossilisé dans deux mille ans. Les gens pourront constater que j'étais sacrément stupide.

Il faut que je rentre à la maison et que je parle à quelqu'un.

#terminé

En rentrant à la maison, je suis tellement à bout que je ne me préoccupe plus de rien. Je nettoie ce qu'il reste de la pâte à crêpes sur mon visage, me débarrasse de mon costume et file dans le cabanon. Raymond me suit. Elle se gratte et s'isole pour se débarrasser tranquillement de ses puces.

J'ai beaucoup appris durant ces derniers jours. J'ai le sentiment d'avoir quelque chose de vraiment utile à partager. Et tant pis pour les abonnés, les trolls ou je ne sais qui. Ça pourrait sauver quelqu'un qui souffrirait du même mal que moi. Il est temps de faire un vrai vlog. J'allume la caméra.

Mon chat superstar

Bonjour à tous. Ici Millie pour #help.

Aujourd'hui, c'est moi qui fais appel à vous parce que j'ai besoin d'aide.

Je souhaite faire une dernière vidéo sur le thème de l'amitié et des relations humaines en général. Ensuite, j'arrêterai ce vlog. Et cette fois, je serai complètement honnête avec vous.

Pour tout vous dire, j'ai l'impression d'être une menteuse, dans le sens où je vous donne plein de conseils, tout en étant incapable de faire le tri dans ma propre vie.

Vous devez me trouver rayonnante à l'écran, mais quand la caméra se coupe, je ne suis que l'ombre de moi-même. Je vais vous raconter ce qui m'est arrivé aujourd'hui. À la base, je devais jouer une petite fille aux allumettes de l'époque victorienne pour la balade fantôme de ma tata Teresa. Et alors que j'étais vêtue de guenilles pour ce rôle, je suis tombée sur une personne que j'apprécie beaucoup. Et là, au lieu d'aborder un sujet sympa, je me mets à parler des élans du Canada. Pourquoi ? Pourquoi ? Pourquoi ? C'est comme si mon cerveau avait abandonné mon corps.

Mon chat superstar

Et ici, je prétends connaître des choses et être la personne idéale pour vous donner des conseils. Mais c'est faux ! Je rate presque tout dans ma vie. Et pas seulement les histoires de cœur, mais aussi toutes les choses importantes.

Je sais que certains d'entre vous me connaissent ou pensent me connaître. Mais en êtes-vous sûrs ? Et est-ce que je me connais moi-même d'ailleurs ? Surtout, n'allez pas penser que je ne suis pas reconnaissante du soutien que vous m'avez apporté, mais je passe beaucoup trop de temps à réfléchir à tout ça, à ce que je vais pouvoir raconter dans mon vlog. Et je passe à côté de l'essentiel. Je suis désolée, cela doit vous sembler tellement stupide. Et vous allez penser que je m'enfonce un peu plus si je vous dis qu'il y a quelqu'un dans ma vie que j'ai laissé tomber lamentablement. Et là, il ne s'agit pas de mon incompétence manifeste – bien que déguisée en morte-vivante – à effrayer les gens, ni de disserter sur les mammifères canadiens avec un garçon qui me plaît. J'ai carrément ignoré une personne qui non seulement avait vraiment, mais vraiment besoin de moi, mais qui en plus m'aime sincèrement. Et très franchement, je n'ai pas été digne d'elle.

Les parents de cette personne ne sont pas foncièrement mauvais, mais ils sont franchement à la ramasse. Elle a toujours été là pour moi. Quand il aurait fallu que je la fasse passer en premier dans l'ordre de mes priorités, je ne l'ai pas fait, alors qu'elle a toujours été à mes côtés pour tout. Depuis mes premières frayeurs à propos des tremblements de terre, jusqu'au moindre contrôle ou examen qu'on ait eu à l'école et que j'étais toujours persuadée de rater. Je suis quelqu'un de réfléchi, mais je suis aussi une indécrottable anxieuse. Oui, on peut être les deux à la fois. Et parfois, l'une prend le pas sur l'autre. Plus vous en savez sur le monde, plus il vous semble effrayant.

Mais revenons à nos moutons. Le fait est que j'ai négligé cette personne à cause de ce vlog. Mon vlog. Et vous. Vous êtes formidables et adorables, je ne le répéterai jamais assez, le problème n'est pas là. C'est moi, tout simplement. Je dois faire attention à ne pas délaisser les gens qui comptent dans ma vie. Je sais, je sais. Je parle comme ma mère.

Et sûrement comme votre mère aussi. Plus sérieusement, je ne cherche pas à vous faire la morale. Je ne dis pas non plus que je laisse tomber le vlog pour de bon, car ce n'est pas le cas. J'adore ça. J'essaye juste de remettre ma vie dans le bon ordre.

Et vous me voyez telle que je suis vraiment.

Et je tiens à m'excuser auprès d'une personne qui, j'espère, est en train de regarder.

J'écrase une larme.

Voilà. C'était #help, la dernière. Je reviendrai de temps en temps. Comprenez bien que je n'ai pas toutes les réponses et que je peux me tromper moi-même sur de nombreux sujets. Je suis prête à agir. Enfin, demain matin car il est déjà tard et que je dois traiter mon chat contre ses puces. Ce n'est pas très glamour mais c'est ma vie. Bye.

Je la diffuse. C'est un peu se jeter dans la gueule du loup, mais je veux que Lauren la voie. Papa et Teresa sont en train de bûcher sur un nouveau parcours pour leur balade fantôme. Ils ont décidé d'éviter les immeubles huppés et de privilégier les cimetières. J'entends grand-père qui ponctue :

– L'avantage avec les morts, c'est qu'ils ne viendront pas perturber votre balade, et si par hasard ça arrivait, ce serait tout bénef pour vous.

Il devrait faire un vlog. C'est vraiment lui le plus intelligent dans cette maison.

Au moment où je m'apprête à poser ma tête sur l'oreiller, je reçois une notification. Mr Style Shame a posté une photo. Je vais regarder son compte. Je n'en crois pas mes yeux.

C'est une photo de moi en fantôme. Je suis affreuse. Et encore pire avec le filtre. Je ne sais pas ce que Mr Style Shame a contre moi et Lolo en ce moment. Je ne lui ai rien fait. Ce doit être un gros porc sexiste.

Je lis ce qu'il a écrit.

Parlons #lessive, ne trouvez-vous pas qu'en dehors d'Halloween, le look fantôme est carrément repoussant ? #nuitdel'effroi #mrstyleshame

Comment Mr Style Shame a-t-il pu me voir ? Il n'y avait presque personne en dehors des touristes. Juste Danny, Erin, et...

Erin.

Mr Style Shame, c'est Erin. Ça ne fait plus de doute. Tout ce temps consacré à jouer les jeunes filles merveilleuses, positives et bienveillantes, alors qu'elle n'est qu'un vulgaire troll singulièrement populaire. Elle se fait passer pour un homme, mais c'est elle. Il faut y mettre un terme.

J'ajoute un commentaire :

Il s'agit de moi, @millieporter sur cette photo. Je sais qui tu es « Mr » Style Shame. Ça ne fait plus de doute. Arrête ça tout de suite ou je révèle ton identité et tout le monde saura ce que tu cherches à faire.

Je pose enfin ma tête sur mon oreiller et me félicite pour ce moment de courage. Je n'ai plus rien à perdre. Je viens de vivre le pire jour de mon existence. Erin peut bien dire ou faire ce qu'elle veut, moi je dois dormir.

#superstar

Mon téléphone sonne à 6h55. Je l'avais fourré sous mon oreiller et le vibreur m'a tiré de mon sommeil. C'est Lauren. Elle est en larmes.

– Je suis désolée, pleurniche-t-elle.

– Non c'est moi.

Et je suis sincère.

– J'ai vu ta vidéo hier soir, Millie. J'ai voulu venir aussitôt, mais papa m'en a empêchée. Je suis tellement désolée.

– Non ! C'est moi qui suis désolée ! m'écrié-je.

Et on s'excuse l'une et l'autre pendant les cinq minutes qui suivent parce qu'on est vraiment,

vraiment désolées. Même s'il me semble que c'est surtout à moi de l'être.

Lauren glousse.

– C'est bizarre, non ? Tu as fait cette vidéo juste pour moi, et elle a fait le buzz ! Le monde entier l'a vue. Je parie que tu n'avais pas prévu ça. Des excuses, des conseils judicieux, et c'est la gloire !

Je manque de me mordre la langue.

– Comment ça ?

– Ça a eu un succès monstre, Millie ! Tu l'as regardée avant de la diffuser au moins ?

– Non ! J'ai dit ce que j'avais à dire, et je ne m'en suis plus préoccupée. Je voulais mettre les choses au clair avec toi. Très sincèrement, je n'ai pas pensé aux likes ni aux partages des abonnés.

– Mais regarde, Millie. C'est super drôle, hilarant même.

– Mais ce n'est pas censé être drôle ! (Je suis un peu vexée.)

– Eh bien, ça l'est. C'est même carrément en passe de devenir culte.

Je me connecte et regarde la vidéo. Je me vois, bouleversée et très émue, parler de choses qui me tiennent à cœur sur un ton légèrement professoral. Je suis tellement concernée par ce que je raconte que j'en oublie Raymond, qui s'est faufilée derrière moi et a repéré le calendrier aux oiseaux que grand-père a laissé traîner sur le banc.

Raymond n'aime pas les oiseaux. Et elle déteste particulièrement les gravelots, même en photo.

Quand elle aperçoit l'image du gravelot, elle se dresse sur ses pattes arrière et danse, comme hypnotisée, d'un coin à l'autre de la pièce. Elle est nettement meilleure que ce chat qui singeait le clip de « *Thriller* ». On dirait qu'elle a été coachée par les plus grands chorégraphes au monde. Ensuite elle plonge sur le calendrier et commence à lécher la photo du gravelot, lui donne de petits coups de tête, puis frotte son derrière dessus.

Quelqu'un a renommé la vidéo : « Un chat cinglé pète un câble derrière sa maîtresse au bout du rouleau. » Cette version a déjà récolté 75 362 vues.

Il y a plein de commentaires, surtout à propos de Raymond.

Ce chat est trop fort

Je le veux.

Toujours en pyjama, je n'ai cours que dans quatre heures, mais franchement ça valait le coup...

Bidon

Ce chat est taré

Il faut l'inscrire à *Danse avec les stars*. On veut le voir danser la samba et le tango argentin.

Ce chat devrait avoir sa propre chaîne YouTube.

Like si tu regardes ça alors que tu devrais dormir! (612 likes)

Like si tu regardes ça et que tu aimerais perdre 10 kg grâce au régime Goyave ! (0 like)

J'ai donc enfin réussi à faire le buzz.

Peut-être pas pour les bonnes raisons, mais c'est quand même très agréable de penser que certains ont apprécié le message et pas seulement le chat qui danse la rumba en s'attaquant à cette espèce de boule de plumes. Donc peut-être que Raymond a du succès, mais moi j'ai...

Tiens, mais...

J'ai 5 680 nouveaux abonnés !

Je pousse un hurlement. Teresa se précipite dans ma chambre. Elle veut savoir ce qui se passe. Je lui explique que ma dernière vidéo est virale. Elle ouvre la fenêtre et crie à qui veut bien l'entendre :

– Écoutez ça ! Millie est devenue virale !

– C'est contagieux ? demande grand-père. Je préfère ne rien risquer, j'ai eu un zona il y a deux ans.

Le facteur s'exclame :

– Je suis ravi pour vous, mais je ne peux pas vous déposer votre courrier avec ce chat qui menace de me sauter dessus. Il y a des lois contre ça, vous savez.

Teresa et moi, on saute comme des folles sur le lit pendant quelques minutes, puis la réalité me rattrape.

Si mon vlog devient viral, je vais être confrontée à quelques problèmes :

— Tout le monde va rire à mes dépens. Je serai toujours associée à cette vidéo qui entrera dans la légende.

— Danny risque de me considérer comme la pire petite amie potentielle qui soit.

— Grand-père va devenir dingue en découvrant que Raymond a bousillé son calendrier.

— Maman sera persuadée que des choses terribles vont m'arriver.

— Erin...

Erin ! Vite, je regarde Mr Style Shame.

Le compte a été intégralement supprimé.

C'était donc bien Erin ! J'ai vu clair dans son jeu et elle a préféré opter pour l'autodestruction. J'ai du mal à l'admettre.

Mon téléphone vibre à nouveau.

C'est Bradley. Il embraye sans dire bonjour :

– Tu sais ce qu'il te reste à faire, maintenant ?

Il est rarement aussi enthousiaste (sauf quand il s'agit d'ascenseurs).

– Oui. Je vais changer de nom et m'exiler au Paraguay.

– Je ne pense pas que ce soit nécessaire. Ce que tu dois faire, c'est un vlog qui s'intitulerait « Chat peut vous arriver », dans lequel tu expliquerais que la vie, comme les chats fous nommés Raymond, est complètement imprévisible, et qu'on doit faire avec sans trop se prendre la tête. Tu peux continuer à donner des conseils avisés, mais en faisant participer Raymond. Je suis sûr que ce sera très drôle. Ris avec les gens qui rient de toi, Millie. Et brode là-dessus.

– Oh bien sûr, c'est tellement simple à faire. Surtout avec Raymond, la plus grande diva que le monde des chats ait connue !

Bradley encaisse mon sarcasme.

– Non, répond-il. Ce n'est pas simple, mais c'est la solution. Sérieusement, cette vidéo est vraiment très drôle, et tu sais quoi ? Tu es... (Je peux presque entendre Bradley qui réfléchit à ce qu'il va dire.) Tu es vraiment cool dedans. Et gentille. Et si tu lis les commentaires attentivement, il n'y en a pas que pour Raymond. Les gens trouvent que tu as l'air d'une personne sincèrement gentille.

Je grogne et proteste, mais Bradley me fait taire.

– Mais si, Millie, c'est vrai ! C'est l'occasion ou jamais. Tout le monde va t'attendre au tournant ! Alors fais quelque chose de brillant et montre aux gens à quel point tu es exceptionnelle.

Comprenant qu'il s'est peut-être un peu emballé, il conclut :

– Bref, fais-le et tu verras bien ce qui arrivera. On se voit plus tard. À bientôt, la superstar !

Il a raison. Je dois ravaler cette impulsion en moi de fuir jusqu'au Paraguay à bord d'un matelas pneumatique en forme de donut (Teresa en a un), et me lancer plutôt dans un nouveau vlog. Mais qu'est-ce que je fais de Bradley ? Je ne veux pas le blesser, mais je pense que j'ai vraiment des sentiments pour...

Danny. Danny est en train de m'appeler...

– Comment va Madame « la nouvelle sensation du moment » ?

Pourquoi n'ai-je pas droit à un simple « bonjour » de la part de tous ces garçons, aujourd'hui ?

– C'est intéressant, fais-je calmement remarquer. Je me suis fait voler la vedette par un chat.

– Tout le monde l'adore. Moi aussi. Raymond et toi, vous avez cet humour décalé, typiquement *british*, qu'on trouve aussi au Canada.

Il titille ma fibre patriotique.

– Ça vient forcément de chez nous, puisque c'est nous qui vous avons créés.

Il réfléchit un instant avant de poursuivre :

– Mouais... c'est peut-être aussi la Chinoise ou la Française en toi qui est aussi drôle, mademoiselle Millie. (Il prend un accent français hyper sexy.)

Je ne sais pas trop où il veut en venir, alors je me contente de répondre « Bon », le seul mot de français dont je me souvienne en dehors de « le stylo » et « la chaise ».

– La raison pour laquelle je t'appelle, bafouille Danny, c'est pour savoir si tu aimerais qu'on se voie afin de parler de tout ce dont tu as envie. Qu'en penses-tu ?

Alors là... on ne blague plus. Plus du tout. Officiellement, massivement, sérieusement... il se passe quelque chose.

– Et Erin ?

– On s'est vus quelques fois. Quand je l'ai rencontrée au début, je l'ai trouvée vraiment mignonne et sympa, mais elle cache bien son jeu, un peu comme un serpent à sonnettes.

C'est une chose que j'adore chez Danny. En tant que Canadien, il connaît naturellement plein de choses sur les dangereux animaux exotiques.

Il poursuit :

– Mais je tiens à ce que tu saches qu'Erin m'a avoué hier soir être derrière Mr Style Shame. J'ai vu ton commentaire, tu ne t'es pas trompée. Après son post sur la petite fille aux allumettes, j'ai compris qu'il ne pouvait s'agir que d'elle. C'était vraiment stupide de sa part. Et je ne souhaite pas être associé à une personne qui tient un compte comme celui-là. Je trouve ça bête et méchant. Elle a un mauvais fond, je n'aime pas ça. Et elle va trop loin sur son compte Instagram, même si elle me fait passer pour Monsieur Parfait ou je ne sais quoi. Tu sais qu'elle est jalouse de toi parce que je te trouve drôle et... mignonne.

Je ne dis rien. Je n'en crois pas mes oreilles.

– Bref, poursuit Danny nerveusement, tu veux qu'on fasse quelque chose ce week-end ? Samedi après-midi ? On pourrait aller manger des glaces chez ce petit Italien dans la rue principale ? J'ai lu de très bons avis dessus, dans un blog.

Je me surprends moi-même à répondre :

– Je serais ravie de t'accompagner, Danny, mais j'ai plusieurs choses à régler avant. Est-ce que je peux t'envoyer un message plus tard ?

– Bien sûr. On se parle très bientôt.

Je sens que mon côté raisonnable reprend le dessus. J'ai juste besoin de temps. De temps pour tout arranger.

Je prends une grande inspiration. Je dois me préparer pour aller en cours, ou je risque d'être très en retard. Mais je veux absolument voir ce qu'Erin a posté sur son compte Instagram récemment. Oui, je sais que je ne devrais plus m'en occuper, mais c'est plus fort que moi...

Sur son dernier post en date, elle se met de nouveau en scène avec des oreilles de chat.

Voilà le genre de chats que j'aime. Ceux qui ne mettent pas de poils partout, qu'on peut contrôler facilement et qui nous rendent vraiment craquantes.

Elle n'a pas eu tant de likes que ça. Les gens ont dû finir par comprendre que c'était elle qui faisait de leurs erreurs vestimentaires un enfer. Et si ce n'est pas le cas, au collège, tout le monde sera au courant dans les deux heures.

Quand je pense que c'est un animal qui a finalement eu la peau d'Erin Breeler. Raymond le chat, la superstar de YouTube. Une rebelle, une icône, une fauteuse de troubles. La tueuse de Breeler.

Je ne suis pas idiote. Erin va contre-attaquer, et ce sera peut-être encore pire que ce que j'ai connu jusqu'à présent. On est dans la vraie vie, et la vraie vie est compliquée. Parfois, les filles méchantes triomphent, mais... je pense avoir gagné cette bataille. Bon, techniquement, c'est plutôt Raymond, mais le commandant en chef, c'est moi.

#danslavraievie

Quand on relatera notre époque dans les manuels d'histoire, on parlera de ce jour comme du « meilleur vendredi de l'Histoire ». Tout le monde est hyper remonté contre Erin. Le mot d'ordre qui circule dans les couloirs, c'est « Évite Erin ». Les gens la fusillent du regard jusqu'à ce qu'elle baisse les yeux de honte. Mais j'essaye de rester réaliste. On a beau savoir qu'elle est Mr Style Shame, elle reste magnifique. Les gens finiront par lui pardonner et elle reviendra en force.

Mais je me fous de tout ça. Lauren et moi sommes de nouveau soudées, et les gens trouvent mon chat super cool. Et je pense, notamment après ce qui s'est dit aujourd'hui, que Raymond et moi devrions faire une dernière vidéo. Si seulement je savais où elle se trouve.

Alors que je me dirige vers le cabanon après les cours, grand-père me coince.

– Millie, j'ai remarqué que tu passais beaucoup de temps à te prendre en autoportrait sous ton meilleur profil, ou à faire le « vog » parfait. Depuis quand ne t'es-tu pas assise avec quelqu'un pour avoir une conversation en face à face ?

J'explique gentiment à grand-père :

– C'est comme ça maintenant ! Et on dit *selfie* et *vlog*.

– Peu importe. Ne perds pas de vue que ta vie se joue, ici et maintenant. Je parle de la vraie vie. (Il me tapote l'épaule.) Pose ton téléphone, tu peux quand même t'en passer de temps en temps, j'espère ! Et autre chose : les garçons ont aussi leur part de sérieux, tu sais. Ils peuvent être fragiles et déboussolés, alors vas-y doucement. Et garde une part de mystère.

Je l'ai déjà entendu répéter ça maintes et maintes fois à Teresa. Son discours date du XXe siècle. La meilleure chose à faire est d'aller dans son sens.

Il n'a peut-être pas tort à propos du téléphone. Mais j'y réfléchirai après avoir fait mon vlog.

– Et je ne suis pas très content que ton chat ait mis mon calendrier en pièces, Millie. Et je suppose que je ne peux pas y faire grand-chose.

Je comprends. Un gravelot en miettes, c'est un spectacle insoutenable.

– Désolée, grand-père, je t'en achèterai un autre pour Noël.

Quand j'ouvre la porte du cabanon, Raymond surgit de nulle part et se précipite à l'intérieur. C'est une star maintenant, et j'ai presque l'impression qu'elle en a conscience.

Je m'installe sur le grand fauteuil et elle se cale à mes côtés. Elle enroule ses pattes et pose tranquillement, face caméra. Je me sens à la fois téméraire, nauséeuse, excitée et terrifiée... et je commence à filmer.

Salut ! C'est moi Millie, et voici Raymond qui restera à côté de moi cette fois.

Mon chat superstar

Apparemment, vous êtes nombreux à avoir vu ma vidéo, et certains sont même encore en train de la regarder. Dans cette vidéo, j'abordais avec le plus grand sérieux l'importance de prendre soin de ses amis, et Raymond – elle s'appelle Raymond au cas où vous ne l'auriez pas encore compris – a complètement pété les plombs à mon insu, et a essayé d'anéantir le calendrier de mon grand-père.

Comme vous pouvez l'imaginer, j'étais mortifiée et j'ai très sérieusement songé à m'expatrier et à changer de nom, jusqu'à ce que je me souvienne que de toute façon YouTube n'a pas de frontières. Et puis je ne peux pas faire ça à ma famille, car bien qu'ils soient globalement tous cinglés, ils m'aiment vraiment et je leur manquerais beaucoup. Ça vaut aussi pour mes amis adorés, et notamment le brillant Bradley. Allez donc jeter un coup d'œil à son vlog sur les Escalator. Je sais que dit comme ça, ça ne fait pas trop envie, mais vous pourriez être agréablement surpris. Moi-même, j'ai appris à les apprécier. C'est lui qui m'a convaincue de revenir devant la caméra avec cet argument : « On ne peut pas forcer un chat à faire ce qu'on veut de lui. » Et si c'est vrai pour les chats, ça vaut pour la vie en général. On ne peut rien contrôler et ça peut être effrayant. On n'a pas le choix, on doit faire avec les chats en roue libre et cette folle de vie en général. On n'a pas de prise sur les choses.

Vous vous souvenez de ma première vidéo ? Eh bien, c'est pareil.

Par exemple :

Je m'adresse à Raymond :

Raymond ! Attaque l'oiseau !

Elle ne bouge pas.

Raymond ! Dresse-toi sur tes pattes arrière et fais-nous une choré comme si tu étais à *Danse avec les stars* !

Elle ne bouge pas.

Vous le constatez vous-mêmes, je n'ai aucune prise sur elle.

C'était Millie Porter la stressée, reine du bon sens et *control freak* à ses heures, dont le chat et la vie sont complètement imprévisibles et incontrôlables, qui vous conseille de vous détendre autant que possible. Même si vous êtes le propriétaire d'un félin psychopathe. C'était #help, la dernière, et cette fois pour toujours j'espère ! Bye bye !

Raymond ne bouge toujours pas d'un pouce.

Je diffuse la vidéo et je me sens soulagée.

J'envoie un message à Danny pour qu'on se voie samedi, et Raymond commence à délirer. Classique. C'est toujours quand j'ai besoin de calme qu'elle s'excite.

Je m'aperçois tout à coup que maman est en train de me regarder par la petite fenêtre du cabanon. À peine nos regards se sont-ils croisés qu'elle entre en trombe et me saisit par la main.

– Mills, il faut qu'on parle. C'est important.

#révélation

Mon côté obscur espère qu'elle va m'annoncer sa rupture avec Monsieur Propre. Le truc avec l'amour, c'est que ça rend un peu fêlé, mais ça, maman le sait. L'amour l'a condamnée à une vie javellisée, mais il y a pire, j'imagine. Je garde ça pour moi.

– Non, je n'ai pas rompu avec Gary.

Comment fait-elle pour lire dans mes pensées avec une telle exactitude ?!

– Non. C'est à propos de ma tête. Tu es faite comme moi, Millie, donc je sais ce qui te passe par la tête.

Elle m'inquiète quand elle tient ce genre de propos parce qu'elle n'a certainement pas idée de ce que je ressens vraiment et de comment mon cerveau fonctionne.

Elle me sent dubitative et ajoute :

– Je t'assure, Millie. Nous raisonnons de la même manière. Et ce qui est formidable avec notre cerveau, c'est qu'il est intelligent et qu'il prend les bonnes décisions – et si ça peut te sembler un peu ennuyeux à ton âge, je te promets que ça te sera très utile quand tu auras trente-huit ans.

Même si je me fiche bien de savoir ce que je ferai à trente-huit ans, je l'écoute.

– Je veux te parler de mon rapport aux arbres.

Je commence sérieusement à m'inquiéter.

Elle poursuit :

– Quand j'étais petite, de nombreux arbres étaient décimés par la graphiose de l'orme, et je m'étais mis en tête que cette maladie pouvait se transmettre aux humains.

Je ne voudrais pas avoir l'air indifférente, mais...

– Où veux-tu en venir, maman ?

– Écoute-moi ! coupe-t-elle avec irritation. J'étais dans tous mes états. Tous ces arbres mouraient les uns après les autres. Internet n'existait pas, on ne pouvait pas aller sur Google à la pêche aux informations. On devait se rendre à la bibliothèque, et... Bref. Donc je me voyais mourir avec les arbres.

Je suis un peu perdue.

– Tu es en train de m'expliquer que tu étais sensible à la cause environnementale et écolo avant l'heure ?

– Non, Millie. Ce que j'essaye de te dire, c'est que je m'inquiétais à propos de tout et que j'étais en proie à de l'anxiété, tout comme toi. On n'appelait pas cela « anxiété » d'ailleurs. On trouvait ça juste ridicule et pathétique. Alors que c'était très sérieux. Ton esprit fonctionne comme ça, comme celui de beaucoup de gens d'ailleurs. En général, ce sont des gens très intelligents, équilibrés, connectés au monde qui les entoure, et...

– Ça va les chevilles, maman ?

Je dois admettre que je suis un peu sarcastique sur ce coup-là.

– Je te demande de m'écouter attentivement, Millie.

Maman a l'air bouleversée, alors je me tais.

– Quand tu as un cerveau de ce genre, il faut l'entretenir et en prendre soin. Et ce n'est pas la peine de prétendre être forte alors qu'au fond, tu te sens fragile. Et c'est très bien de dire « Je ne sais pas comment m'y prendre » ou « Je n'y arriverai pas ». Ou encore « J'ai commencé ce vlog génial – et oui Millie, je trouve ton vlog très bien –, mais je n'ai pas la réponse à toutes les questions et, pour le moment, je dois rassembler mes esprits. »

– J'ai bien entendu ?

C'est une sacrée révélation.

– Je l'ai payé cher, tu sais. Ça a très mal fini. Je me suis retrouvée à l'hôpital, à cause de...

Maman tapote sa tête.

C'est trop bizarre ! Je n'ai jamais imaginé ma mère comme le genre de personne pouvant être atteinte de troubles mentaux. Je me doutais bien qu'il fallait être un peu dérangée pour sortir avec Monsieur Propre, mais pas à ce point-là !

– Je suis désolée, maman. Pourquoi ne m'en as-tu pas parlé ?

– Tu as beau être intelligente et réfléchie, Millie, on ne doit pas imposer aux enfants des choses qui les dépassent. Ce n'est pas correct. Quand ton père et moi nous sommes séparés, tous les deux nous voulions faire en sorte que ce soit le moins difficile possible pour toi. C'est pour cela que tu ne m'as pas vue, la fois où je lui ai jeté mon verre de cidre et mon assiette de boudin aux pommes à la figure. (Elle rit.) Je trouve ça drôle quand j'y repense, mais à l'époque ça ne l'était pas.

Pourquoi les adultes se jettent-ils de la nourriture au visage ? Une éponge humide serait plus adéquate.

– Tu es belle, brillante et intelligente. Je trouve ça touchant que tu veuilles aider les gens et leur donner un peu de ton temps parce que tu es une fille super. Je ne te dis pas d'arrêter. Ce que je dis, c'est que tu ne peux pas régler les problèmes des gens. Tu dois t'occuper de toi et ne pas faire de mal aux autres. C'est tout. Le reste, c'est du bonus.

Je ne peux m'empêcher de poser la question qui me trotte dans la tête :

– Ça s'attrape, la graphiose de l'orme ?

– Non, mais tu peux attraper des échardes en faisant des câlins aux arbres, par contre. Oui, ça m'arrive de le faire. Et oui, je trie mes déchets aussi. Et j'ai une voiture électrique. Tu peux trouver plein de manières de rendre les choses meilleures. Parce que quand on regarde les infos... eh bien il y aura toujours des cons, Millie. Des cons dans ta vie, des cons aux infos, et...

– J'ai compris, maman.

Ça avait l'allure d'un cours magistral mais ça m'a quand même un peu aidée.

– Maman, si tu veux parler de ce qui t'est arrivé...

Elle m'interrompt d'un air sombre :

– Non, Millie. C'est le passé. Je m'en suis remise. Et regarde où j'en suis aujourd'hui : j'ai une fille merveilleuse (elle me serre dans ses bras), un bon travail, et un homme qui passe l'aspirateur.

Je secoue la tête. Maman sait à quoi je pense.

– Crois-moi, Millie. Je sais que Gary est un peu pénible par moments, mais un homme gentil qui manie balayette et attrape-poussière comme un chef, qui m'offre tout le temps des fleurs et qui me fait rire, c'est déjà beaucoup. On en parlera une autre fois. Les hommes sont formidables, mais ils ne règlent pas nos problèmes. Les femmes non plus, au cas où tu serais lesbienne. Ce qui n'est pas un problème, au fait.

À cet instant précis, j'ai le sentiment de me retrouver au cœur d'un discours très gênant que maman aurait préparé depuis des années.

Elle me prend dans ses bras. Je me sens fière. Puis elle me pince gentiment le bras.

– En tout cas, n'aie pas peur de demander de l'aide aux gens autour de toi. Et je ne parle pas de ces gens-là... (Elle tapote l'écran de mon téléphone, avec un peu trop de véhémence à mon goût), même si je ne nie pas qu'ils puissent être très sympathiques. Mais ils ne pourront jamais faire ça...

Et elle me serre dans ses bras à la manière d'un boa constrictor, ce qui est adorable mais un peu effrayant. Pendant qu'elle est en train de m'étouffer, je couine :

– Je peux revenir à la maison, maman ? Je ferai bien attention à ne rien salir, pour faire plaisir à Gary.

Maman me libère de son étreinte.

– Tu reviens quand tu veux, Millie. À mes yeux, tu n'es jamais partie. Et je pense que ça se passera mieux cette fois. Je ne couperai pas le Wi-Fi avant 22 heures. Et j'ai déjà eu une petite discussion avec Gary à propos de Mc Whirter. Tu es aussi chez toi, et il doit s'habituer à tes miettes. Et, à partir de maintenant, tous les jeudis seront consacrés à notre soirée mère et fille.

Mon chat superstar

On pleure un peu jusqu'à ce que maman secoue la tête de gauche à droite, renifle et dise :

– Et maintenant, Millie Porter, je vais aller retrouver mon amoureux qui m'emmène au cinéma ce soir. Il a pris des billets Carré Or ! On nous servira du vin et des amuse-gueules. Finies les années passées à manger du popcorn et à siroter du Coca light. Petit conseil : si tu veux savoir si un homme est vraiment le bon, assure-toi qu'il te fasse passer avant ses propres envies. Allez, je me sauve. Je t'aime. Et n'oublie jamais que je suis là pour toi, à chaque fois que tu en as besoin.

Et elle colle ma main sur son cœur.

Je lui fais encore un gros câlin et je la remercie.

Mais je m'abstiens de lui poser la question qui me taraude.

#lesgarçonsenquestion

J'ai besoin de conseils sur les garçons et je voudrais l'avis de maman. Le seul fait de penser à eux me plonge dans un trouble profond.

Je sais que Bradley m'aime bien. Deux garçons s'intéressent à moi à l'heure actuelle. Mais comment faire pour avouer à l'un qu'on a envie d'être avec l'autre ? Je ne veux briser le cœur de personne. J'ai peur de me sentir vraiment mal. Est-ce que ça ne risque pas d'être trop dur pour lui ?

Mais je ne peux pas rester sans rien faire, Lauren avait raison. J'ai été assez nulle dans toute cette affaire.

Le samedi matin, j'envoie un message à Bradley :

Tu veux qu'on se voie ?

Il répond instantanément :

Si tu as du temps à m'accorder malgré ton statut de star internationale, alors retrouve-moi à 14 heures au centre commercial.

Je consulte mon vlog. J'ai déjà des tonnes de vues alors qu'il n'est en ligne que depuis hier soir. Les gens doivent le regarder dès qu'ils reçoivent une notification. C'est chouette mais...

Tata Teresa m'annonce qu'avec l'aide de mon père, son camion de glaces est enfin prêt, et qu'elle songe sérieusement à le rebaptiser en « Frissons glacés » et à s'en servir pour sa tournée fantôme, qui devrait sillonner à peu près tous les endroits où on ne trouve pas d'immeubles chics.

C'est une très bonne idée mais j'ai du mal à penser à autre chose qu'à Bradley. Je suis hyper nerveuse.

Quand j'arrive au centre commercial, l'horloge tourne aussi lentement que Raymond quand il hésite entre sortir et rentrer.

Finalement, à 14 h 43, j'aperçois Bradley. Il n'est jamais en retard.

Presque en silence, nous allons nous asseoir sur son banc préféré, entre son ascenseur préféré et l'Otis traversant qui peut vous emmener secrètement jusqu'au sous-sol si vous appuyez sur les bons boutons.

Je le regarde et bafouille :

– Bradley... Je t'apprécie beaucoup...

– Je sais, m'interrompt-il. Mais tu apprécies encore plus Danny, monsieur Normal. Et j'imagine qu'il ne t'ennuie pas avec des histoires d'ascenseurs et d'Escalator.

– Sache que depuis que je te connais, je nourris un certain respect pour les ascenseurs. Et j'aime penser que si j'arrive à m'ouvrir au monde des technologies, je...

Bradley a l'air écœuré.

– Tais-toi. Tu n'aurais jamais dû m'embrasser.

– C'est vrai.

Je suis un monstre.

– Ne t'en fais pas, réplique-t-il sarcastique, aucune fille ne résiste à mon blabla de geek. Et je suppose que tu souhaites qu'on reste amis ?

C'est horrible. Je ne peux même pas décrire ce que je ressens. Je détesterais qu'on me fasse ça. D'une toute petite voix, je murmure :

– C'est possible ?

– Non, coupe-t-il sèchement. Puis il continue, sur un ton plus aimable : Non. Non. Non. Ça ne marche pas comme ça. Parce que là tu vois, je suis à deux doigts d'être méchant avec toi et de te sortir les pires choses de la terre. Sérieusement, je vais y aller avant que ça dérape, parce que là... bref, je dois y aller.

Et il disparaît dans un ascenseur Sigma Solon (il m'a appris beaucoup de choses). Je regarde les portes se refermer très lentement. On ne peut pas claquer la porte d'un ascenseur, c'est ça le problème.

Horrible. Horrible. Horrible.

Voilà ce que je ressens.

J'appelle maman et lui raconte tout. J'ai juste besoin de quelques conseils.

– Tu avais l'intention de lui faire de la peine ? me demande-t-elle.

– Bien sûr que non !

– Mais le résultat est le même. Et c'est la vie. Il ira mieux dans quelque temps. La fierté des hommes, c'est une chose très compliquée. Tu blesseras des gens et d'autres te blesseront, mais on ne peut pas vivre dans le mensonge. Regarde les parents de Lauren. Le cœur tranche quand la tête ne s'y résout pas. Il faut t'y habituer, Millie.

– Mais est-ce que ce sera plus facile avec le temps ?

Je pose des questions existentielles à ma mère, au beau milieu d'un centre commercial.

– Oh que non ! tranche maman brutalement.

Mais elle se corrige aussitôt :

– En fait, si. Avec le temps, on apprend à mieux gérer ce genre de situation. Et tu vois les problèmes arriver de loin, tu peux donc les éviter avant qu'ils te frappent de plein fouet. En théorie. Un conseil encore : ne parle pas de ce qui t'est arrivé avec ce garçon. Nulle part. Ni dans un vlog, ni sur Facebook ou je ne sais quoi d'autre. Il y a des choses qui doivent rester privées, Millie. Tu peux partager tes réflexions, tes pensées, mais évoquer la peine des autres sans leur consentement relève de la cruauté pure. Ne fais pas ça. Ou bien tu ne seras plus la Millie que je connais et que j'aime.

Je sais qu'elle a raison. Même si ça ferait un sujet d'enfer pour un vlog.

– Ne t'inquiète pas, Millie. Bradley trouvera quelqu'un d'autre. Et c'est toi qui seras jalouse et qui ne comprendras plus rien. Tu te demanderas: « Est-ce que j'ai pris la bonne décision ? » Mais j'espère que tu seras heureuse qu'il trouve le bonheur, ce garçon a l'air tellement gentil.

Bien sûr que je serai heureuse pour lui. C'est juste que...

Quand j'ai commencé ce vlog, je pensais savoir plein de choses dans tout un tas de domaines. Mais c'est en parlant de sujets que je pensais précisément maîtriser que j'ai pris conscience de mes failles. Il y a plein de choses auxquelles je ne comprends rien, et je peux au moins me féliciter d'en connaître un peu plus sur les ascenseurs, maintenant.

C'est très déroutant, la vie. Ou, comme dit grand-père quand il essaye de paraître intelligent, tout ce bazar ne nous apporte que de la « confusation ».

Et, maintenant, je n'ai plus qu'à attendre Danny. Deux garçons en un jour. C'est un peu gonflé de ma part, j'espère qu'Erin ne traîne pas dans le coin. J'espère même ne croiser personne. Je devrais peut-être aller me planquer dans un H&M.

#danny

Quand Danny arrive vers moi, très décontracté, je sais que j'ai pris la bonne décision. Ne m'en voulez pas, je sais que c'est superficiel, mais il est trop canon.

– Salut, madame Renommée Internationale. Comment vas-tu ?

– Pas complètement internationale, mais disons que je m'en sors plutôt pas mal. Ça va. Je me demandais...

– Oui, coupe-t-il. La réponse est oui. Je serais ravi de t'offrir une glace.

S'ensuit le plus stupéfiant des baisers. L'équivalent d'un million de likes sur n'importe quel réseau. J'ai la tête pleine de smileys avec des cœurs dans les yeux et de pouces qui se lèvent. Est-ce qu'ils apprennent l'art d'embrasser, dans les collèges de l'Ontario ? Je pense que c'est le cas et que Danny a obtenu la meilleure note.

C'est un baiser qui me fait me sentir forte et géniale, et...

– Je t'aime vraiment beaucoup, Danny.

On s'embrasse de nouveau. Et c'est absolument extraordinaire.

– Je t'aime aussi beaucoup, mademoiselle Porter, la solutionneuse de problèmes. Est-ce que je peux t'emmener chez Wagamama ce soir ?

J'adorerais manger des nouilles chinoises avec Danny, mais je préfère être honnête :

– Ça me ferait vraiment plaisir, Danny. Mais je ne suis libre que cet après-midi. J'ai quelque chose de très important à faire, ce soir.

Il a l'air déçu. Je lui demande :

– Je suppose que tu aimerais être mon petit ami ?

Il sourit.

– Ouais.

– Moi aussi. Enfin, je veux être ta petite amie, mais...

Il me coupe :

– Mais tu as trop de choix maintenant que tu es une célébrité mondiale.

Je suis surprise de sa réaction.

– Oh non ! Ce n'est pas ça. Le vlog c'est super, mais j'aimerais passer plus de temps avec les gens que je peux toucher en chair et en os.

Je tâte le biceps de Danny. Il doit s'entraîner car il est vraiment dur. Mais il prétend que ça lui fait mal.

– J'ai aussi appris que pour être une bonne vlogueuse, je devais... Disons que j'ai voulu être célèbre et que j'ai un peu trop forcé les choses. Et quand Raymond a fait son numéro, ça a démontré que...

– Démontré quoi ? me demande Danny.

– Je ne sais pas trop. (On rit tous les deux.) Est-ce qu'on peut se voir demain plutôt ? On pourrait se faire un ciné ? Je t'envoie un message. J'ai quelque chose de très important à faire, et il faut que je le fasse impérativement ce soir.

Danny a toujours l'air dépité, alors je lui explique :

– Ce n'est pas une histoire de vlog ou un truc du genre. C'est un problème familial. Tu comprends ?

Il sourit et me fait un clin d'œil.

– Je sais exactement de quoi tu veux parler. Une grande partie de ma famille est au Canada, et ils me manquent. C'est important de passer du temps avec eux.

– C'est exactement ça !

On s'embrasse de nouveau, et c'est vraiment puissant. Quand j'ouvre les yeux, deux piscines pleines d'amour me sourient.

Désolée pour cet excès de niaiserie, mais ce garçon est magique.

– Envoie-moi un message, me chuchote-t-il, et il me souffle un baiser.

C'est dur de devoir quitter un tel Apollon.

Mais il y a quelqu'un à qui je dois vraiment consacrer du temps.

#entrefilles

– Comment ça s'est passé, Mills ?! hurle Lauren à travers le combiné. Je suis restée à attendre, je ne me sentais pas bien. Qu'est-ce qu'ils en ont pensé ? Est-ce que c'était aussi palpitant qu'un épisode de *Plus belle la vie* ?

Lauren est sur le point d'exploser. Je suis chez ma mère et je me sens plutôt relax.

– Je me demandais si tu n'aurais pas envie qu'on partage une pizza ce soir et qu'on essaye de faire attraper des rondelles de chorizo à Raymond ?

– Pour ton vlog ?

– Non, juste pour s'amuser toutes les deux. « Sœurs du crime, on parle en rimes... »

Lauren enchaîne sur notre rap qu'on avait inventé quand on avait huit ans :

– « ... on est sublimes, il faut qu't'imprimes. »

Et on finit ensemble : « Arrête ta frime, tu nous sous-estimes ! »

C'est vraiment nul mais c'est notre petit ego-trip, et ça nous fait toujours autant rire.

– Je peux venir maintenant ? demande Lauren. Ma mère est de retour, et le terrain est miné.

En attendant Lauren, je consulte les commentaires de ma dernière vidéo, et ce que je lis me pétrifie.

> Bonjour Millie, tu peux constater par mon compte certifié que je suis une des vlogueuses les plus en vue du pays. J'aimerais m'entretenir avec toi si tu veux bien. Et aussi avec ton chat. Je vous trouve formidables toutes les deux. Merci. Lydia Portancia.

C'est du lourd. Du très lourd. Il s'agit quand même de quelqu'un qui pourrait me faire décoller, qui pourrait m'aider à faire bouger les choses. Quelqu'un qui...

Quelqu'un qui attendra.

Mon chat superstar

Ce soir, je suis avec ma meilleure amie. On en parlera plus tard, peut-être. Pour le moment, tout peut attendre. J'ai un gros besoin de déconner avec ma Lolo.

À mon sens, la clé pour une vie raisonnable, c'est de ranger chaque couvert au bon endroit et d'utiliser le bon ustensile au bon moment. Que pensez-vous de ma théorie ?

C'est plus facile aussi, si votre chatte ne se prend pas pour une trapéziste. Raymond tente d'avancer sur la corde à linge, et forcément elle finit par s'y balancer... Et non, je ne la filme pas. Pas pour le moment.

Mais n'hésitez pas à aller consulter mon vlog plus tard...

CŒUR GRENADINE

DES ROMANS À DÉVORER !

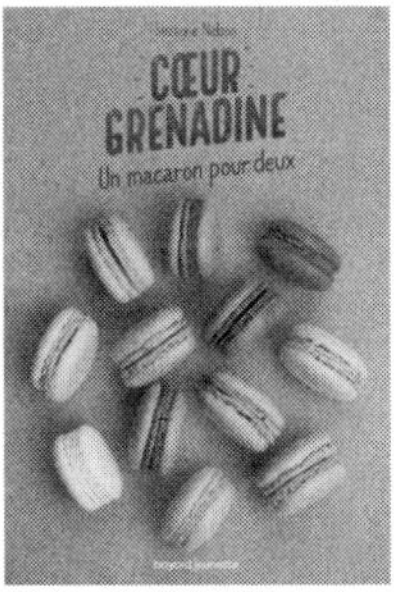

Cet ouvrage a été mis en pages
par DV Arts Graphiques à La Rochelle

Impression réalisée par Rotolito S.p.A.
en avril 2020
pour le compte des Éditions Bayard

Imprimé en Italie